BLUMEN & GARTEN

NATURGEMÄSS GÄRTNERN

BLUMEN & GARTEN
NATURGEMÄSS GÄRTNERN

Christine Recht

Die erfolgreiche Mischkultur

Im Garten, auf Terrasse und Balkon
Experten-Tips und Pflanzpläne

Mit Illustrationen von Ushie Dorner

Mosaik Verlag

Inhalt

Die Autorin
Christine Recht ist eine erfolgreiche Gartenbuch-Autorin und ständige Mitarbeiterin der Gartenzeitschrift FLORA. In ihrem großen Bauerngarten praktiziert sie seit Jahren naturgemäßen Gartenbau. Für sie ist Mischkultur das Patentrezept für Erfolge im Garten und das Geheimnis besonders wohlschmeckender und gesunder Gartenerzeugnisse.

Vorwort

Der Garten ist ein Stück Natur, vom Menschen gestaltet und genutzt. Damit gesunde Pflanzen in einem gesunden Boden gedeihen, braucht man nur die zahllosen Möglichkeiten zu nutzen, welche die Natur zum Überleben entwickelt hat. Eine davon ist die Mischkultur, das Zusammenwirken der Eigenschaften verschiedener Pflanzen. Dieses Buch soll zeigen, wie man Mischkultur im Ziergarten, im Gemüsegarten, ja sogar auf dem Balkon und der Terrasse betreiben kann.

Gut geplante Mischkulturen im Nutzgarten bringen reiche und gesunde Ernten. Blüten und Kräuter gehören dazu. So wird der Küchengarten auch zur Augenweide

Gute Nachbarn – schlechte Nachbarn

Pflanzen sind keine Einzelgänger. Sie gedeihen am besten in Gesellschaft anderer Pflanzen. Gemeinsam ernähren sie sich aus dem Boden, auf dem sie stehen, gemeinsam geben sie dem Boden durch ihre absterbenden Blätter, Stengel und Wurzeln das wieder zurück, was sie ihm an Nahrung entnommen haben. Und sie schützen sich gegenseitig vor Krankheiten und Schädlingen.

Erdbeeren und Zwiebelgewächse sind Nachbarn, die sich gegenseitig schützen und fördern. Die Zwiebeln verhindern den Befall mit Mehltau.

Pflanzengemeinschaften im Garten

In der Natur sind Pflanzengesellschaften das Normale. Im Garten werden sie vom Gärtner bestimmt – man spricht dann von Mischkultur.

Auch die Pflanzengesellschaften in der Natur sind nicht zufällig, sondern eine Art Auslese der Pflanzenarten, die an einem bestimmten Platz am besten gedeihen. Auf kalkarmen Böden wachsen andere Pflanzengemeinschaften als auf kalkhaltigen Böden, in Sand stehen wiederum andere Pflanzen beisammen als auf nährstoffreicher Erde. Manche Arten bevorzugen einen Platz im Schatten, andere wollen pralle Sonne, und auch das Klima spielt eine Rolle: In rauhen Klimabereichen setzen sich andere Pflanzen durch als in warmen Landstrichen.

Doch nicht nur der Standort spielt eine Rolle. In einer gut gedeihenden, natürlichen Pflanzengesellschaft wird man nur Pflanzen finden, die sich gegenseitig weder behindern noch schaden. Pflanzen mit langem, schmalem Wurzelwerk gedeihen neben solchen mit ausgebreiteten Wurzeln, Pflanzen mit großen, schattenspendenden Blättern neben Arten mit schmalem, hochaufschießendem Wuchs. Denn das Miteinander funktioniert nur, wenn eine Art der anderen weder Platz noch Nahrung noch Licht wegnimmt. Konkurrenz wird – wie in anderen Gesellschaften auch – rigoros unterdrückt.

Pflanzen sind keine Einzelgänger

Daß die Pflanzengemeinschaften Konkurrenz ausschalten, ist nur eine Seite des Gemeinschaftslebens. Die andere ist, daß sich – zum Vorteil aller – die Pflanzen gegenseitig schützen und fördern. Mit anderen Worten: Nur wer in die Gesellschaft auch etwas einbringt, kann von ihr profitieren. Wurzeln und Blätter aller Pflanzen, vom kleinsten Gras bis zum höchsten Baumriesen, sondern Stoffe ab, die für andere Pflanzen entweder förderlich sind oder ihnen schaden. Es werden also natürlicherweise immer nur Pflanzen zusammenstehen, die »gute Nachbarn« sind, deren Wurzel- und Blattabsonderungen sich gegenseitig fördern. Mehr noch: Durch diese für den Menschen meist nicht wahrnehmbaren Düfte und Stoffe werden Krankheitserreger – Pilze und Bakterien – und tierische Schädlinge abgewehrt, andererseits befruchtende Insekten angelockt.

Wer sich zum Picknick an einem Waldrand niederläßt, hat keine Ahnung, daß er sein Brot inmitten einer hervorragend funktionierenden Wohngemeinschaft verzehrt, in der jede, aber auch jede Pflanze ihre Funktion und ihren Vorteil hat, in der aber auch jede noch so kleine Störung das ganze System durcheinanderbringen kann.

In der Natur kann man überall Pflanzengesellschaften beobachten, die nicht nur dieselben Ansprüche an Boden und Standort haben, sondern sich gegenseitig auch fördern.

Das Zusammenleben der Pflanzen in freier Natur ist das Vorbild für die Mischkultur im Garten. Auch hier fördern sich die zusammen auf einem Beet stehenden Pflanzen gegenseitig, auch hier schützen sie sich vor Schädlingen und Krankheiten und sorgen gemeinsam für guten, nährstoffreichen Boden. Nur: So einfach wie in der Natur ist es für den Gärtner leider nicht.

Während nämlich draußen zusammen wächst, was zusammengehört, gedeiht im Garten das, was der Gärtner nach seinen Wünschen und Bedürfnissen zusammenfügt. Und das ist eine Gesellschaft, die von Natur aus niemals zusammenstehen würde: Tomaten aus Südamerika, Kartoffeln aus den Anden, Kohl und Salat aus Asien, Gurken aus China, Kräuter und Blumen aus allen Kontinenten. Unsere Kulturpflanzen sind ja, bis auf ganz wenige Ausnahmen, alle Einwanderer, Abkömmlinge von Pflanzen aus aller Herren Länder, die im Laufe von Jahrhunderten für unser Klima und unsere Bedürfnisse gezüchtet und verändert wurden.

Diese buntgemischte Gesellschaft soll nun auf relativ kleinem Platz im Garten gemeinsam gedeihen – und dazu noch bei einheitlichem Klima sowie auf einem Boden, der vom Nährstoffbedarf her allen das gleiche bietet. Noch dazu wird an diese Gesellschaft von Fremdlingen ein hoher Anspruch gestellt. Sie sollen Leistung bringen: reiche Ernten, wohlschmeckende Früchte, herrliche Blüten, heilende Wirkstoffe.

Erstaunlicherweise klappt das – aber nur, wenn der Gärtner mit Sachkenntnis die richtigen Nachbarschaften schafft.

Freundliche Gemüse-Nachbarn

Mischkultur ist ein wichtiger Bestandteil des biologischen Gärtnerns. Für den Gemüsegarten sind deshalb über viele Jahre hinweg schon Erfahrungen gesammelt und zu Papier gebracht worden. Beim Gemüse gibt es kaum noch Diskussionen darüber, welche Pflanzen gute, welche schlechte Nachbarn sind. Doch kommen immer wieder neue Arten und Sorten auf den Markt, mit denen man erst experimentieren muß. Und manche erstaunliche Erfahrung stellt sich praktisch von selbst ein – zum Beispiel die, daß sich sogar unterschiedliche Sorten von Gemüse gegenseitig fördern.

Die Ziele der Mischkultur im Gemüsegarten sind:

- ☐ Gemüse ohne Einsatz von »chemischen Kampfstoffen« gegen Krankheiten und Schädlinge zu kultivieren.
- ☐ Wohlschmeckendes und lagerfähiges Gemüse zu ernten.
- ☐ Viel Abwechslung in die Küche zu bringen – mit frischen Ernten zu fast jeder Jahreszeit.
- ☐ Den Gartenboden gesund und nährstoffreich zu erhalten.

Pflanzen Sie verschiedene Sorten einer Gemüseart zusammen. Beispiel: Rote und grüne Salate, rote, gelbe und blaue Bohnen, Fleischtomaten und runde Tomaten, zwei Sorten Frühkartoffeln. So bekommen Sie nicht nur gesunde, kräftige Pflanzen, sondern auch viel Abwechslung in die Küche.

Es kann nicht Ziel der Mischkultur sein, Rekordernten auf einem Beet zu erzielen, etwa nach dem Motto: Je mehr man auf ein Beet zusammenpflanzt, desto mehr kann man ernten. Das klappt nicht, weil dem ein ganz schlichtes Naturgesetz entgegensteht: Auf einem bestimmten Stück Boden wächst immer gleich viel. Genauer: Hier wachsen entweder zehn große oder zwanzig kleine Kohlrabi, viele dünne oder wenige dicke Lauchstengel. Der Grund ist leicht zu verstehen: Die Pflanzen können nur in Früchte und Blattmasse umsetzen, was sie an Nahrung aus dem Boden holen. Mehr nicht. Natürlich kann man als Gärtner den Ertrag beeinflussen – und hat es jahrelang im konventionellen Garten- und Landbau auch getan. Schnellwirkende zusätzliche Düngestoffe bringen natürlich große Ernten. Nur: In so gedüngten Böden funktioniert die Biologie der Pflanzen nicht mehr richtig – und Mischkultur hat dann ihren eigentlichen Sinn und Zweck verloren, den Boden und die Pflanzen auf natürliche Weise gesund zu erhalten.

Mischkultur ist nun mal der Natur abgeschaut – und sie funktioniert, solange die Natur auch Vorbild bei der Pflege der Pflanzen ist. Mischkultur im Gemüsegarten wird unter allen Umständen und immer biologisch – also ohne jeglichen Einsatz von Chemie – betrieben. Doch es gibt auch hier eine Menge Möglichkeiten, wie man die Pflanzen optimal pflegen kann.

Wichtig ist bei jeder Mischkultur, daß sich die Pflanzen nicht gegenseitig den Platz streitig machen. Ideal: Erdbeeren und Knoblauch.

Obst und Beeren

Auch bei Obst und Beeren ist Mischkultur gut und sinnvoll – zum Teil aber aus anderen Gründen als beim Gemüse. Vor allem Obstbäume sind, wie viele andere Bäume auch, keine guten Nachbarn, weil sie sehr viel Nahrung und sehr viel Wasser brauchen und im Sommer Schatten spenden. Bei Mischkultur im Obstgarten muß man sein Augenmerk auf andere Dinge zur gegenseitigen Förderung richten:

□ Viele Obstarten sind auf andere Bäume als Pollenspender angewiesen. Der Wind oder Insekten – vor allem Bienen – befruchten die Blüten, und das ist die Voraussetzung dafür, daß sich auch Früchte bilden. Wer verschiedene Sorten ein und derselben Obstart pflanzt, schafft bessere Befruchtungsmöglichkeiten. Viele Apfelsorten brauchen eine andere Sorte zur Befruchtung ihrer Blüten. Alle Apfelbäume, Süßkirschen, Birnen und die meisten Zwetschen- und Pflaumensorten benötigen auf jeden Fall einen zweiten Baum, besser mehrere, zur Befruchtung der eigenen Blüten.

□ Vor Krankheiten und Schädlingen werden Obstbäume und Beerensträucher von Pflanzen geschützt, die man auf die Baumscheibe, also unter die Bäume und Sträucher pflanzt. Sie wehren durch ihre Ausscheidungen und Düfte Insekten ab, halten durch Wurzelausscheidungen den Boden gesund, aus dem die Wurzeln der Bäume und Sträucher ihre Nahrung beziehen. Hier profitieren allerdings nur die Bäume von der »Mischkultur«.

□ Eine Ausnahme sind die Erdbeeren. Sie werden auf Beeten in Mischkultur mit Zwiebeln, Knoblauch oder Lauch kombiniert, um sie frei von Krankheiten und Schädlingen zu halten.

Ein Baum mit drei Sorten
Wenn Sie nur Platz für einen Baum im Garten haben, können Sie Mischkultur auch auf einem einzigen Baum betreiben: Veredeln Sie ihn so, daß zwei oder drei Apfel-, Birnen- oder Kirschensorten auf ihm wachsen. Wichtig: Die Blütezeit sollte sich zumindest für kurze Zeit überschneiden, sonst wird es nichts mit der Befruchtung.

Nachbarn im Ziergarten

Im Ziergarten ist Mischkultur ebenso sinnvoll wie im Gemüse- und Obstgarten. Und ebenso machbar. Nur: Viele Gärtner, die ihr Gemüse sorgsam vor harten Eingriffen mit der Giftspritze schützen, sehen das bei ihren Rosen und Blumenbeeten nicht so eng: »Das ißt man ja nicht.« Doch neben der Förderung des kulinarischen Genusses bewirkt die Mischkultur auch im Staudenbeet, im Rosenbeet oder bei den Sommerblumen einiges:

□ Das Bodenleben wird nicht durch Insektizide oder Herbizide geschädigt, Nahrung für die Pflanzen ist ausreichend verfügbar. (Tote Böden bieten keine Nahrung.)

□ Die Pflanzen selbst bleiben gesünder, weil sie ständig von den Duftausscheidungen anderer Pflanzen profitieren. Sie sind nicht so anfällig für allerlei Schädlinge und Krankheiten.

□ Nützlinge, die die Schädlinge in Grenzen halten, werden durch bunte Mischungen im Ziergarten eher angelockt als durch »Monokultur« nur weniger Arten.

□ Blumen- und Staudenbeete mit Mischkultur sind lebendiger, farbiger, und sie blühen – wenn man es richtig macht – vom Frühjahr bis zum Herbst.

□ Insekten, Schmetterlinge, Libellen und viele andere Tiere besiedeln nur einen Ziergarten ohne Gift; denn was die Schädlinge tötet, vernichtet auch die schönen und nützlichen Kleintiere. Das gilt indirekt auch für Igel, Blindschleichen und Amphibien.

Die Verträglichkeit der Zierpflanzen untereinander ist allerdings lange nicht so gründlich erprobt und erforscht wie bei den Nutzpflanzen. Vor allem von Heilpflanzen und Kräutern weiß man, wie nützlich sie sind als Abwehr- und Schutzpflanzen für die kostbaren Blüher. Mutige Gärtner mit Sinn für dekorative Abwechslung kombinieren sogar mit gutem Erfolg Blumen und Gemüse gemeinsam in den Rabatten des Ziergartens. Viele Gemüse sind ja auch recht attraktiv anzuschauen. Man denke nur an den Zierkohl, der im Winter prächtige Farben zeigt und noch dazu gut schmeckt, oder die farbigen Salate und auch die leuchtendrot blühenden Feuerbohnen – die Liste kann natürlich beliebig fortgesetzt werden.

Warum funktioniert Mischkultur

Daß Mischkultur funktioniert, weiß man seit langem aus praktischer Erfahrung. Erstaunlicherweise wurde das »Warum«

kaum erforscht. In Rußland allerdings hat schon 1928 der Biologe Boris Tokin die sogenannten Phytonzide beschrieben, flüchtige Stoffe, die die Pflanzen ausscheiden und die unterschiedliche Wirkungen haben. Und erst in den letzten Jahren haben sich Wissenschaftler etwas intensiver mit diesen Ausscheidungen der Pflanzen beschäftigt.

Düfte schützen und fördern

Phytonzide sind natürliche Wirkstoffe der einzelnen Pflanzen. Sie können Bakterien, Pilze und Einzeller, die der Pflanze schaden, binnen kürzester Zeit absterben lassen, haben also antibiotische Wirkung. Phytonzide können aber auch noch anderes bewirken: Sie fördern oder hemmen andere Mitglieder einer Pflanzengemeinschaft. Und sie dienen der Verständigung zwischen Pflanzen derselben Art.

Phytonzide und ihre Wirkung

Phytonzide werden von den Wurzeln, den Stengeln, den Blättern, Blüten und dem Blütennektar ausgeschieden, sie wirken über die Luft und im Boden, sind flüchtig oder flüssig – bei jeder Pflanzenart ist das unterschiedlich. Die Intensität der Ausscheidung – und ob sie überhaupt stattfindet – ist von mehreren Faktoren abhängig. In gesunden, humosen Böden, die weder durch chemisch erzeugte Dünger noch durch Pestizide beeinflußt sind, findet eine optimale Phytonzidwirkung statt. Man kann also sagen, daß dort, wo der Mensch nicht mit Gift eingreift, die Pflanzen selbst ausreichend Abwehrmittel entwickeln, um mit Schädlingen und Krankheiten fertig zu werden. Und die Natur ist da sehr einfallsreich: Manche Pflanzen bilden gegen ganz bestimmte Krankheitserreger spezielle Abwehrstoffe. Das geht so weit, daß sogar größere Schädlinge wie Blattläuse oder Würmer abgewehrt, sogar vergiftet werden. Ein Beispiel dazu: Die Wurzeln der Ringelblume (*Calendula*) und der Studentenblume (*Tagetes*) scheiden Stoffe aus, die Nematoden abtöten. Knoblauch und Zwiebeln haben antibiotisch wirkende Phytonzide: Sie vernichten Schimmelpilze bereits im Ansatz.

Am stärksten sind diese Phytonzide in Wildpflanzen wirksam – bei Zuchtformen gingen sie teilweise sogar ganz verloren. Deshalb sollte man »Unkraut« nicht rigoros ausmerzen. Diese Wildpflanzen sind ein Bestandteil der Pflanzengemeinschaft im Garten und haben – sonst wären sie nicht da – mit Sicherheit auch bestimmte Funktionen innerhalb dieser Pflanzengesellschaft.

Fördern und schaden

Die zweite wichtige Funktion der Phytonzide ist, wie schon gesagt, die Förderung oder Hemmung benachbarter Pflanzen. Auch diese Wirkung kann von Wurzeln, von Blättern oder von Blüten ausgehen.

Gute Nachbarn, also Pflanzen, die sich gegenseitig fördern, wachsen besser und gesünder heran. Sie blühen optimal und bilden gesunde, wohlschmeckende Früchte. Sie sind nicht anfällig für Krankheiten und Schädlinge, weil sie feste Zellen haben.

Umgekehrt leiden Pflanzen, die sich nicht »mögen«, aneinander; oft gehen sie sogar ein.

Phänomene, die jeder kennt, beweisen die Wirkung solcher Pflanzenausscheidungen: Narzissen, zwischen andere Pflanzen in die Vase gestellt, bringen die Nachbarblumen schnell zum Welken. Dasselbe bewirken die Duftstoffe von Reseden und Rosen. Andererseits kann ein Thujenzweig in einem Strauß die Blumen länger frisch halten – hier fördern die Phytonzide die Nachbarpflanzen. Andere Beispiele: Wo Kiefern wachsen, gedeihen keine Birken, die Wirkstoffe der Wurzeln verhindern dies. Andererseits fördern sich Eichen und Linden gegenseitig. Wermut ist eine Pflanze, die zwar sehr stark keimtötend wirkt, in ihrer Nachbarschaft aber kaum andere Pflanzenarten aufkommen läßt.

Bohnen und Erbsen, die man nebeneinanderpflanzt, sie gedeihen einfach nicht. Dasselbe gilt für viele andere Kulturpflanzen. Phytonzide haben sowohl auf bereits in der Pflanzengemeinschaft stehende Pflanzen positive oder negative Auswirkungen als auch das Keimen von Samen. Die Pflanzengemeinschaften bestimmen von Anfang an, welche Arten sich ihnen anschließen dürfen.

Die Tricks der Pflanzen

Wenn es ums Überleben geht, wenden Pflanzen sehr raffinierte Tricks an – einige davon hängen ebenfalls mit ihren Duftstoffen

Schutz und Verlockung: Pflanzendüfte und andere Wirkstoffe können Schadinsekten so irritieren, daß sie ihre Wirtspflanze nicht finden (Sellerie zwischen Salat). Sie können aber auch Insekten anlocken, welche Schadinsekten vertilgen und für die Bestäubung fruchttragender Pflanzen sorgen.

Wie Pflanzen miteinander sprechen
Neuere Beobachtungen haben gezeigt, daß Pflanzen durch diese Duftstoffe miteinander kommunizieren können. Ein Beispiel: Wenn bestimmte Bäume von Raupen befallen werden, bilden sie ganz schnell Abwehrstoffe in ihren Blättern, die den Raupen nicht schmecken, sie sogar vergiften können. Und sie signalisieren benachbarten Bäumen: Gefahr! Die Nachbarbäume bilden dann diese Abwehrstoffe vorbeugend. Die Erforschung dieser Art der Kommunikation steckt noch in den Kinderschuhen – die Ergebnisse könnten aber wirklich aufregend sein.

zusammen. Viele Insekten sind auf bestimmte Pflanzenarten spezialisiert. Sie legen ihre Eier ausschließlich an diesen Arten ab, weil die schlüpfenden Raupen sich nur von diesen Pflanzen ernähren können. Die Schmetterlinge oder Insekten finden ihre Wirtspflanzen durch Duftsignale. Senden Nachbarpflanzen nun aber einen stärkeren Duft aus, der den ihrer Wirtspflanze überdeckt, sind die Schädlinge nicht in der Lage, die Pflanze zu finden, die sie suchen. Ein Beispiel: Kohlweißlinge sind auf Kohlpflanzen spezialisiert. Die weißen Schmetterlinge legen ihre Eier an den jungen Kohlpflanzen ab, die bald schlüpfenden Raupen können binnen kürzester Zeit einen Kohlkopf vernichten. Stehen zwischen dem Kohl nun ein oder zwei Selleriepflanzen mit ihren intensiv duftenden Blättern, werden die Kohlweißlinge irritiert und finden den Kohl nicht. Der Duft der Sellerieblätter wirkt also wie ein Schutzschild und beugt auf natürliche Weise dem Raupenbefall vor.

Andererseits entwickeln die Pflanzen, vor allen in ihren Pollen, Duftstoffe, die Insekten anlocken, weil diese zur Befruchtung gebraucht werden.

Was Mischkultur noch bewirkt

Entscheidend für das gute Gedeihen aller Kulturen im Garten ist ein gesunder, lebendiger Boden. Lebendig heißt: Er muß belebt sein mit vielen Mikroorganismen, aber auch mit Käfern, Regenwürmern und anderen Kleinlebewesen. Dieses milliardenfache Leben im Boden macht das Wachsen der Pflanzen erst möglich. Die Organismen und Tiere verwandeln »Abfall« in Nährstoffe, sie sorgen dafür, daß Humus entsteht, der wiederum Wasser und Nährstoffe speichern kann, damit die Pflanzen beides dort zum richtigen Zeitpunkt »abholen« können. Bodenlebewesen aber sind spezialisiert und empfindlich. Sie bilden wie die Pflanzen Lebensgemeinschaften. Durch falsche Bodenbearbeitung, Überdüngung, Umgraben und auch durch Monokultur kann diese Gemeinschaft gestört oder gar vernichtet werden.

Mischkultur fördert Lebensgemeinschaften im Boden. Denn unterschiedliche Pflanzenarten entnehmen dem Boden unterschiedliche Nährstoffe; er wird nicht einseitig ausgenützt, die Mikroorganismen können sich deshalb optimal entwickeln. Mischkultur sorgt, wenn sie richtig betrieben wird, auch dafür, daß der Boden immer mit Pflanzenmasse bedeckt und durch unterschiedliche Wurzelformen gut durchlüftet ist. Das bedeutet: Die Oberfläche kann nicht durch starke Regenfälle verdichtet werden, die Wurzelgänge andererseits wirken wie Lüftungsschächte. Es gelangt viel Sauerstoff in den Boden, ohne den die Mikroorganismen nicht leben könnten.

Gute Ernten auf guten Böden

Mischkultur ist ein Bestandteil des biologischen Gartenbaus und die biologische Bewirtschaftung des Bodens eine unabdingbare Voraussetzung der Mischkultur. Wo der Boden, die Grundlage allen Wachsens, chemisch verändert wird, können die Pflanzen ihre schützenden und wachstumsfördernden Eigenschaften nicht mehr einsetzen, verlieren sie sogar. Das »Modell Natur« hat dann seine Grundlage verloren. Darum ist in einem Buch über Mischkultur ein Kapitel darüber, wie man den Boden gesund erhält oder wieder gesund macht, unumgänglich.

Der Kompost ist die Grundlage biologischen Gärtnerns ohne schädliche Rückstände. Er muß deshalb gut gepflegt werden.

Der Boden – ein lebender Organismus

In der Natur draußen vor dem Gartenzaun regeneriert sich der Boden durch das ständige Leben und Sterben von Pflanzen und Bodenorganismen. Regenwürmer lüften den Boden, Millionen verschiedener Lebewesen im Boden fressen und verdauen und machen so die Nährstoffe für die Pflanzen verfügbar.

Anders in einem Boden, auf dem nur eine Pflanzenart angebaut wird – bei der Monokultur. Diese eine Pflanzenart verbraucht nur einen bestimmten Teil der Nährstoffe aus dem Boden; einseitige Wurzelausscheidungen aber können den Boden sogar regelrecht vergiften. Die Zusammensetzung der Nährstoffe im Boden verliert an Vielfalt. Bodenorganismen, die keine Nahrung mehr finden, verschwinden, der Boden wird arm. Das heißt aber auch, daß die Kulturpflanzen schlecht gedeihen würden, wenn der Mensch nicht zusätzliche Nährstoffe einbrächte. Solange diese Nährstoffe organisch sind, also in Form von Mist, Kompost oder Gründüngung in den Boden kommen, ist das kein Schaden. Die Bodenorganismen finden wieder genügend Nahrung (die sie für die Pflanzen in Nährstoffe umwandeln), sie vermehren sich, und der Boden bleibt lebendig. Anders ist es, wenn schnellwirkende chemische Düngestoffe ausgebracht werden. Sie stehen den Pflanzen sofort zur Verfügung. Der Weg über die Bodenorganismen entfällt. Die Folge: Diese Lebewesen sterben an Nahrungsmangel, der Boden stirbt mit. In einem toten Boden aber ist der natürliche Kreislauf unterbrochen. Auf solchen Böden können Pflanzen nicht gedeihen, sie müssen notgedrungen »künstlich ernährt« werden.

Natürliche Ordnung hält den Boden gesund

Diese künstliche Ernährung verändert aber die Pflanzen. Ihre Zellen werden groß und dabei dünnwandig, Geschmacks- und Duftstoffe sind reduziert. Und so verliert die Pflanze auch die Fähigkeit, sich mit ihren natürlichen Waffen, den Phytonziden und Aromastoffen, gegen Schädlinge zu verteidigen. Selbst wenn sie es versuchen würde: Der Erfolg wäre gering, denn eine Pflanze mit dünnen Zellwänden ist für alle fressenden und saugenden Schädlinge ein leichtes Opfer. Das ist auch der Grund für richtiggehende Invasionen von Läusen, Raupen und anderen Mitessern an üppig gedüngten Pflanzen. Dazu kommt: Blattgemüse und Salate, die mit zuviel Stickstoff gedüngt sind, enthalten Nitrat – und das kann gesundheitsschädlich sein.

Anders verhält es sich, wenn der Boden biologisch, also nach dem Rezept der Natur, ernährt und gepflegt wird. Dieser Boden ist lebendig, und wie bei den natürlichen Pflanzengesellschaften, hat jedes Lebewesen in diesem Boden eine Aufgabe im Rahmen des gesamten Systems. Der Boden ist ein Ökosystem, ein lebender Organismus, und je ungestörter er bleibt, desto besser ernährt er die Pflanzen.

Doch was heißt ungestört? Darf man etwa gar nicht umgraben, hacken, düngen, häufeln und was sonst noch alles auf dem Programm eines pflichtbewußten Gartenbesitzers steht? Man darf – muß manchmal sogar diese Arbeiten tun. Aber mit Überlegung und nicht nur, weil der Nachbar es auch macht.

Boden schichtweise

Wer die Vorgänge im Erdboden kennt, dem wird auch klar, daß dieser natürliche Kreislauf nur gefördert, aber nicht verändert werden darf.

Wir sehen nur die oberste Bodenschicht. Im günstigen Fall ist sie bedeckt mit Mulch, Kompost oder mit welkenden Pflanzenteilen. In dieser dünnen Schicht leben Käfer, Asseln, Spinnen und viele andere Kleintiere, welche die welken Pflanzenteile grob zerkleinern (leider ab und zu auch die frisch gepflanzten Setzlinge).

Darunter ist die Humusschicht, die Speisekammer für die Pflanzen. Sie besteht aus kleinsten, verwitterten Teilen des Urgesteins, vermischt mit einem großen Anteil organischen Materials. In dieser Schicht

Der Boden ist ein lebender Organismus. Millionen von Lebewesen – vom Regenwurm bis zu Bakterien – verwandeln organisches Material in Nährstoffe, welche die Pflanzen mit ihren Wurzeln aufnehmen.

herrscht besonders reges Leben: Drahtwürmer, Springschwänze, Algen, Milben, Bakterien, Pilze wirken hier zusammen, um die Speisekammer immer in Betrieb zu halten. Diese Kleinlebewesen fressen und verdauen, vermehren sich und sterben schließlich. Und das alles bewirkt, daß organisches Material – Blätter, Stengel, Wurzeln usw. – in Nährstoffe für die Pflanzen umgewandelt wird. Die Pflanzen holen sich die hier zubereiteten und in Wasser gelösten Nährstoffe mit Hilfe ihrer Wurzeln nach Bedarf ab. Unter der Humusschicht liegt der Dauerhumus, der nicht ganz so nährstoffreich ist, in dem aber doch allerlei Nährstoffe, Mineralstoffe und Spurenelemente wie in einem Depot gespeichert sind, und der vor allem auch als Wasserspeicher dient. Hier wirken Lebewesen, die ganz ohne Sauerstoff auskommen, die sogenannten anaeroben Organismen.

Noch eine Etage tiefer beginnt die Mineralschicht. In dieser Schicht verwittert das Urgestein, bildet Nachschub für all die Mineralstoffe, die für die Pflanzen notwendig sind. Viel Leben gibt es hier nicht, auch die Wurzeln der Pflanzen reichen – mit wenigen Ausnahmen – nicht so tief. Nur der Regenwurm kommt bis in diese Region hinab. Und das ist wichtig. Denn er frißt und verdaut nicht nur die welken Blätter der obersten, sondern auch Mineralstoffe aus der untersten Schicht. Die Produkte seiner Verdauung – jeder kennt die zierlichen Regenwurmhäufchen – enthalten konzentrierte Nährstoffe in optimaler Mischung. Und sie kommen in den beiden obersten Bodenschichten zur Wirkung. Der Regenwurm gräbt außerdem auf seinen Wanderungen durch den Boden lange Gänge, die den Boden locker, luftig und wasserdurchlässig machen. Freuen Sie sich also über jeden Regenwurm in Ihrem Garten!

Kein Umgraben mehr

Der Organismus Boden ist wohlgeordnet – der Mensch sollte ihn nicht verändern. Das heißt vor allem: Kein Umgraben mehr! Beim Umgraben bringen wir nämlich die ganze Konstruktion des Bodens durcheinander. Bodenlebewesen, die eigentlich keine Luft vertragen, kommen nach oben und sterben. Die Organismen wiederum, die Wärme und Sauerstoff brauchen, können in den tieferen Schichten nicht überleben. Bis sich der Boden nach einem so schwerwiegenden Eingriff wie dem Umgraben wieder normalisiert hat, können Wochen und Monate vergehen.

Leichte und normale Böden werden zur Lockerung mit dem Krail oder Grubber (das sind Geräte mit drei bis vier kräftigen, gebogenen Zinken) bearbeitet. Schwere Böden lockert man im Herbst nach der Ernte mit der Grabegabel. Man sticht alle 10 cm die Grabegabel in die Erde und bewegt den Stiel dann mehrmals kräftig hin und her. Das genügt schon. Nur sehr schwere Böden muß man alle drei bis vier Jahre umgraben, dann aber am besten gleich zwei Spaten tief, wie bei der Tiefkultur (Seite 67). Der Frost sprengt dann die verklumpten Schollen und macht sie wieder locker.

So macht man Boden leicht

Wenn der Boden sehr schwer ist, kann man feinen Sand einarbeiten. Aber nicht gleich schubkarrenweise. Es hat sich bewährt, pro m^2 im Herbst ca. 20 Liter Sand zu streuen und ihn nur leicht einzukratzen. Nach und nach vermischt sich der Sand bis in die Dauerhumusschicht mit dem schweren Boden und macht ihn lockerer und auch fruchtbarer.

Damit die wohlgeordneten Strukturen im Boden nicht zerstört werden, sollte man so selten wie möglich umgraben. Mit Sauzahn oder Krail kann der Boden gelockert werden, das strengt auch weniger an, als mühsames Umstechen.

Kein Gift im Garten

Das Biotop Boden ist sehr empfindlich gegen Störungen von außen. Deshalb verzichtet man im biologischen Gartenbau vollständig auf Pestizide. Unter dieser Sammelbezeichnung versteht man chemische Mittel gegen Pilze, Schädlinge und Unkraut. Diese Mittel bringen das Gleichgewicht zwischen Schädlingen und Nützlingen durcheinander (davon wird im Kapitel »Pflanzenschutz durch Mischkultur« noch die Rede sein). Die Giftstoffe gelangen auch in den Boden und können dort eine Kettenreaktion an Schädigungen und Störungen hervorrufen.

Überdüngen – überkalken

Überdüngung – auch mit natürlichen Düngemitteln – schadet dem gesunden Boden fast so sehr wie Gift. Mancher Gartenbesitzer denkt in aller Unschuld, daß von organischen Düngern gar nicht genug in den Boden gebracht werden kann. Falsch gedacht! Überdüngung führt zu einseitigem Überschuß an bestimmten Nährstoffen – meist ist es Phosphor -, und dadurch wird die Aufnahme anderer wichtiger Nährstoffe verhindert. Schädlich für die Bodenlebewesen sind frischer Mist und frische Gülle. Über-

pH-Wert messen
Der pH-Wert kann mit einem Teststäbchen (gibt es im Gartenfachhandel zu kaufen) gemessen werden. Geben Sie einen Löffel Erde in ein Glas Wasser und rühren Sie gut um. In diese Flüssigkeit wird das Teststäbchen getaucht. An der auf der Packung aufgedruckten Farbskala kann man ablesen, welchen pH-Wert der Boden hat. Die Skala reicht gewöhnlich von 3 (extrem sauer) bis 8 (extrem alkalisch). Je niedriger der Wert, desto saurer ist die Bodenreaktion. Die meisten Gemüsearten gedeihen gut bei einem pH-Wert zwischen 5,5 und 7,5. Wenn der Wert darunter liegt, ist der Boden für diese Pflanzen zu sauer, und es muß gekalkt werden.

schüssige Nährstoffe, gleich welcher Art, die nicht von den Pflanzen aufgenommen werden, bleiben nicht etwa als Reserve im Boden. Sie werden durch Regenfälle und Schneeschmelze ausgewaschen und gelangen ins Grundwasser – und damit letztendlich in unser Trinkwasser.

Zuviel Kalk ist ebenfalls von Übel. Man sieht vor allem in Nutzgärten oft, daß in jedem Herbst automatisch Kalk ausgestreut wird. Zuviel Kalk macht den Boden alkalisch, die Nährstoffe können nicht mehr pflanzengerecht aufbereitet werden. Vor dem Kalken sollte man den pH-Wert des Bodens messen – und erst danach wird entschieden, ob und wieviel Kalk eingebracht wird.

Was sonst noch schadet

Vergiftung, Umgraben, Überdüngen – das sind die schlimmsten Sünden im Biogarten. Ein paar Kleinigkeiten sind darüberhinaus noch zu beachten:

☐ Die Beete sollten nie betreten werden, wenn der Boden naß ist. Bauernregel: Wenn man Gummistiefel anziehen muß, sollte man erst gar nicht in den Garten gehen.

☐ Gießen sollte eine sanfte Angelegenheit sein. Wer mit dem Schlauch das Wasser auf die Pflanzen und die Erde platschen läßt, verdichtet den Boden und beschädigt die Pflanzen. Beregnen ist nur sinnvoll, wenn es frühmorgens und mit Maß und Ziel geschieht. Wer einfach jeden zweiten Tag den Regner anstellt, tut seinem Garten keinen Gefallen. Vor allem bei Mischkulturen, in denen unterschiedliche Pflanzenarten unterschiedliche Wasserbedürfnisse haben, empfiehlt sich dringend das Gießen mit der Kanne.

☐ Wie in der Natur sollte der Boden nie bloßliegen. Das führt zu Verschlammung bei Regenfällen und zu Austrocknung bei Wärme und Trockenheit. Wenn dann die oberste Bodenschicht wie ein Betondeckel aufliegt, sterben darunter die wichtigen Organismen ab.

So entsteht guter Gartenboden

Mischkultur ist eigentlich eine Voraussetzung für gesunden, lebendigen Gartenboden. Die verschiedenen Pflanzenarten verbrauchen unterschiedliche Nährstoffe und geben dem Boden auch unterschiedliche Stoffe wieder zurück. Der Boden wird nicht einseitig ausgenützt – das kommt den Mikroorganismen zugute, die sich in vielfältig bepflanzten Böden besonders wohl fühlen und entsprechend stark vermehren. Dazu kommt, daß ein Beet, das ständig bepflanzt ist, nie oder nur selten schutzlos der Witterung ausgesetzt ist. Das Laub der Pflanzen schützt den Boden vor starken Regenfällen ebenso wie vor der austrocknenden Sonne.

Pflanzen entnehmen diesem gesunden Boden ständig Nährstoffe, die sie zum Wachsen brauchen. Doch weil vor allem im Nutzgarten die Pflanzen vom Menschen geerntet werden, gelangen nicht mehr so viele Nährstoffe in den Boden zurück, wie ihm entzogen werden. Der Gärtner muß also dem Boden Nährstoffe zufügen – und je natürlicher diese sind, desto besser.

Naturdünger Kompost

Der beste Dünger kommt aus der Kompostecke, die in keinem natürlich bewirtschafteten Garten fehlen darf. Kompost entsteht aus organischen Materialien – Garten- und Küchenabfällen -, die durch Bodenbakterien, Pilze und Kompostwürmer in Humus verwandelt werden. Im Grunde also ist Kompost nichts anderes als die Wiederverwertung dessen, was im Garten gewachsen ist.

Reifer Kompost enthält nicht nur unzählige Bodenlebewesen, die für das Bodenleben wichtig sind, sondern auch ausgewogen alle Nährstoffe, die die Pflanzen brauchen und dazu noch grobe Bestandteile, die den Gartenboden locker, durchlässig und krümelig machen.

Kompost genügt als Dünger für fast alle Gartenpflanzen. Nur ausgesprochen stickstoffhungrige Pflanzen wie Kürbisse, Zucchini, Gurken u.ä. müssen noch zusätzlich gedüngt werden. Solche »Vielfraße« sollte man von vornherein mit Mistkompost versorgen, es genügt aber auch, wenn man sie regelmäßig mit Pflanzenjauchen, Brühen aus organischen Düngern oder Kompostbrühen nachdüngt. Grundlage der Düngung aber ist immer Kompost. Deshalb ist der Komposthaufen auch die »Schatzkammer« des Gärtners. Eine Schatzkammer freilich, die er selber füllt und die etwas Pflege braucht.

Gartenabfälle werden kompostiert und dann als wertvolle Pflanzennahrung dem Boden wieder zugeführt.

Im Kompost laufen dieselben Prozesse ab wie im Boden: Mikroorganismen fressen, verdauen, vermehren sich und sterben ab. Auf diese Weise werden organische Abfälle in Nährstoffe verwandelt, die den Pflanzen zur Verfügung stehen. Und wie im Boden sind für diese wundersame Verwandlung von Abfällen in Nahrung drei Dinge notwendig: Sauerstoff, Feuchtigkeit und Wärme.

Ein Komposthaufen, in dem diese Bedingungen erfüllt sind, wird niemals stinken oder gar faulen. In einem solchen Komposthaufen erfolgt bei Temperaturen von bis zu 70 °C die »Rotte«, der Reifeprozeß des Kompostes, an dessen Ende eine nach Walderde duftende, krümelige, dunkelbraune Komposterde entstanden ist.

Das kommt in den Kompost

Gartenabfälle wie Laub, Rasenschnitt, nicht versamende Unkräuter, Blätter, welke Blumensträuße, verbrauchte Blumenerde, kleingeschnittene Stengel von Stauden und Sträuchern.

Küchenabfälle: rohe Gemüsereste, Kartoffelschalen, Obst (wenig Zitrusschalen) Kaffeesatz, Teebeutel (ohne Band und Klammer).

Allgemeines: Tier- und Menschenhaare, Holzasche, kleine Mengen tierischer Mist, ungebleichtes Papier (z.B. von der Küchenrolle).

Der Kompostplatz

Der Komposthaufen wird an einem Platz im Garten angelegt, der von der Küche schnell und trockenen Fußes zu erreichen ist (schließlich wird er auch im Winter beschickt). Er sollte mit der Schubkarre leicht erreichbar sein. Im Halbschatten reift Kompost am besten. Wo kein Halbschattenplatz, etwa unter einem Busch, im Garten verfügbar ist, kann man den Platz mit Sonnenblumen oder hohen Stauden umpflanzen.

Ein Komposthaufen muß immer auf offenem Boden angelegt werden und keinesfalls auf einer Betonplatte. Die Bodenlebewesen, die zur Rotte beitragen, müssen ein- und auswandern können. Kompostwürmer zum Beispiel stellen sich erst ein, wenn die erste große Wärmebildung der Rotte vorbei ist.

Ein einziger Komposthaufen genügt nicht. Zwei sollten es mindestens sein, besser aber sind drei. So kann man den einen Haufen reifen lassen, während der andere noch aufgebaut wird. Beim fertigen Kompost hat sich das Volumen durch die Rotte um mehr als die Hälfte verringert. Am einfachsten ist eine Dreiteilung: Kompost, der ständig frisch aufgefüllt wird, ein Haufen, der sich gerade in Rotte befindet und einer, der bereits fertige Komposterde enthält und aus dem man sich nach Bedarf bedienen kann.

Die Kompostanlage

Im Grunde genommen spielt es keine Rolle, wie man seinen Kompost anlegt: Als Miete, als Silo aus Holz, Zement oder Kunststoff oder im Thermokomposter. Wichtig ist, daß der Kompost auch von der Seite belüftet wird, daß er befeuchtet werden kann – durch Regen oder Gießen – und daß man gut an den Kompost herankommt.

Unten in den Komposthaufen legt man eine Schicht aus zerkleinerten, holzigen Stengeln oder dünnen Zweigen. Darauf gibt man einen Eimer reifen Kompost – sozusagen als »Hefe«, denn darin sind alle Organismen, die

Das darf nicht auf den Kompost
Aus dem Garten: Wurzelunkräuter wie Giersch, Quecken oder Winden, kranke Pflanzenteile (Mehltau, Kohlhernie, Himbeerrutenkrankheit usw.).
Aus der Küche: gekochte Abfälle, Fleisch und Knochen, Milchprodukte, die Schalen behandelter Zitrusfrüchte.
Aus dem Haushalt: Bunt bedrucktes Papier, Kohleasche, Einwegwindeln, Katzenstreu (auch von der neuerdings erhältlichen kompostierbaren Katzenstreu nicht allzu viel), Kunststoffe, Glas Chemikalien.

sich nun in dem neuen Kompost vermehren sollen. Auf diese Grundlage kommt nun alles kompostierbare Material aus Garten und Küche. Dabei muß man sorgsam darauf achten, daß nichts zusammenklebt oder -klumpt – frischer Rasenschnitt zum Beispiel, der viel zu dicht aufeinanderliegt. Kommen solche Bestandteile in den Kompost, müssen immer langsam verrottende holzige Stengel oder Zweige (zerkleinert natürlich) dazugegeben

Die Natur ernährt die Pflanzen

werden. Wo nämlich kein Sauerstoff an das verrottende Material gelangt, beginnt Fäulnis – und dann stinkt es. Alle 30 bis 50 cm kann man etwas Kompostbeschleuniger aus dem Fachhandel über die Abfälle streuen – das fördert die Rotte. Auch kleinere Mengen tierischen Mist sollte man hin und wieder zugeben, ebenso Hornspäne oder Hornmehl. Diese stickstoffhaltigen natürlichen Zutaten fördern die Aktivitäten der unsichtbaren Kompostarbeiter, der Mikroorganismen.

Umsetzen oder nicht umsetzen

Viele Gartenbesitzer schwören darauf, daß der Kompost mindestens einmal umgesetzt werden muß, damit er richtig reif wird. Dieses Umsetzen findet meistens statt, wenn sich der Kompost in halbreifem Zustand befindet – also noch nicht ganz zersetzt ist. Im Grunde hat dieses Umsetzen schon einen Sinn: Der Komposthaufen erreicht nur in seiner Mitte die optimale Temperatur von 70°C, an den Rändern bleibt er kühler. Beim Umsetzen werden nun die äußeren Schichten nach innen, die oberen nach unten gesetzt – so reift der Kompost gleichmäßig. Aber das Umsetzen ist eine schwere Arbeit, die man sich eigentlich sparen kann. Wenn die Abfälle richtig im Kompostsilo oder auf der Miete verteilt werden, wenn man immer darauf achtet, daß der Kompost gleichmäßig feucht (nicht zu naß) und immer gut gelüftet ist, und wenn man ihn zusätzlich während der kalten Jahreszeit noch mit Stroh oder einer dicken Laubschicht abdeckt, reift er auch ohne Umsetzen gleichmäßig.

Mistkompost

Mistkompost ist besonders nährstoffreich – vor allem aber reich an Stickstoffen. Er bekommt Obstbäumen und Beerensträuchern ebenso gut wie vielen Zierpflanzen, die viel Stickstoff brauchen, und den Starkzehrern im Gemüsegarten. Wer sich bei einem Bauern oder bei Pferdebesitzern Mist besorgen kann, sollte einen kleinen Extra-Komposthaufen anlegen. Auch Geflügel-, Schaf- und Ziegenmist kann zugegeben, sollte wegen des hohen Stickstoffgehalts aber nicht allein kompostiert werden. Ist der Mist mit Einstreu vermischt – Stroh oder Sägespäne sind üblich – genügt es, den Kompost aufzusetzen und alle 20 cm etwas Kompoststarter zuzugeben. Handelt es sich um Mist pur, sollte Stroh oder anderes pflanzliches Material untergemischt werden. Mistkompost, der im Sommer aufgesetzt wird, ist im darauffolgenden Frühjahr einsatzbereit.

So wird Kompost verwendet

Auch bei der Bodenverbesserung mit Kompost kann man zuviel des Guten tun und den Boden überdüngen. Reifer Kompost wird im Frühjahr, etwa 4 Wochen vor Aussaat und Pflanzung, auf die Beete gestreut. Die richtige Menge: Etwa 5–10 Liter auf 1 Quadratmeter Boden. Starkzehrende Pflanzen müssen etwas mehr bekommen. Auf den unbestellten Beeten kratzt man den Kompost mit dem Krail oder dem Sauzahn leicht in den Boden ein – auf keinen Fall soll er untergegraben werden!

Im Ziergarten gibt man den Kompost im zeitigen Frühjahr auf die abgeschnittenen Stauden und unter die Sträucher – die Menge richtet sich nach dem Nährstoffanspruch der Pflanzen. Halbreifen Kompost, der ca. 4 Monate alt ist, kann man bei leichten Böden als Mulch zwischen die Pflanzen legen.

Von Flächenkompostierung spricht man, wenn die Abfälle gar nicht erst auf einen Komposthaufen, sondern direkt auf die Beete gegeben werden. Das ist nicht jedermanns Sache, weil es nicht sehr »ordentlich« aussieht. Aber die Wirkung ist durchaus positiv – die Bodenlebewesen verarbeiten diese Abfälle direkt.

Zusatzdüngung – was und wann?

Bei der Mischkultur stehen oft auch Pflanzen auf einem Beet, die unterschiedliche Nährstoffansprüche haben – was den einen noch gut ausreicht, läßt andere hungern. Bei richtiger Planung von Mischkultur wird zwar von vorneherein ausgeschlossen, daß Pflanzen mit extrem unterschiedlichen Nährstoffen auf demselben Beet stehen. Dennoch kann man nicht vermeiden, daß – vor allem bei Nachkulturen – bestimmte Pflanzenarten nachgedüngt werden müssen Dann werden die Nährstoffe gezielt eingesetzt.

Für den Start fast aller Pflanzen reicht es aus, wenn das Beet mit Kompost versorgt ist – vor allem im Gemüsegarten. Sobald die Pflanzen heranwachsen, müssen vor allem Starkzehrer zusätzlich gedüngt werden. Man gibt Düngergaben direkt an die Wurzeln der hungrigen Pflanzen, ohne daß die – im richtigen Abstand – danebenstehenden Pflanzen überdüngt werden. Für solches Nachdüngen gibt es im biologischen Gartenbau mehrere Möglichkeiten:

- ☐ Pflanzenjauchen
- ☐ Kompost- oder Mistbrühe
- ☐ organische Handelsdünger

Die Pflanzenjauchen

Pflanzenjauchen stellt man selbst her, die entsprechenden »Ausgangsmaterialien« finden sich in fast jedem Garten oder auch am Wegrand (nicht an Straßen mit starkem Autoverkehr ernten). Auch hier gilt wieder: dem Boden zur Ernährung das zuführen, was ihm die Natur auch gibt.

Pflanzenjauchen werden Starkzehrern vorbeugend nach dem Anwachsen alle 2–4 Wochen (bei leichtem Boden öfter, bei schwerem weniger oft) gegeben. Sie wirken aber auch, wenn Pflanzen kümmern oder nicht wachsen wollen. Pflanzenjauchen werden so hergestellt: Man füllt ein Gefäß aus Holz oder Plastik (niemals aus Metall) locker mit grob zerkleinerten Pflanzenteilen (Blätter und Stengel, keine Samen!) und füllt es dann mit Wasser auf – am besten mit Regenwasser. Das Gefäß wird in die Sonne gestellt und der Inhalt täglich einmal kräftig umgerührt, damit Sauerstoff an die Flüssigkeit gelangt. Gibt man eine Handvoll Steinmehl dazu, verringert das zum einen den unangenehmen Geruch, zum andern wird die Brühe dadurch mit Spurenelementen und Mineralstoffen angereichert. Nach 3–4 Tagen beginnt die Brühe zu gären – bei kühlem Wetter dauert es etwas länger. Nach 10 Tagen ist die Pflanzenjauche fertig. Sie wird im Verhältnis 1:10 (1 Liter Brühe auf 10 Liter Wasser), bei Jungpflanzen im Verhältnis 1:20 verdünnt und abends oder bei bedecktem Himmel (niemals bei Sonnenschein, denn dann würde jeder Spritzer an den Blättern zu Verbrennungen führen) direkt an die Wurzeln der Pflanzen gegossen.

Brennesseljauche ist stickstoffreich und stärkt alle Pflanzen.

Beinwelljauche (Comfreyjauche) enthält Stickstoff und Kalium. Sie ist vor allem für alle Fruchtgemüse wichtig; sie verstärkt auch deren Aroma.

Kohljauche aus den äußeren Kohlblättern enthält viel Stickstoff und Spurenelemente. Sie wird vor allem für Kohlpflanzen verwendet.

Natürliche Düngung mit Pflanzenjauchen: Die nahrhaften Brühen dürfen niemals in Metallgefäßen angesetzt werden.

Tomatenjauche setzt man aus den ausgegeizten Blättern der Tomaten an. Auch sie wird an Starkzehrer gegossen.

Löwenzahnjauche aus Blüten und Blättern verbessert den Geschmack aller Gartenfrüchte und kräftigt die Pflanzen.

Ringelblumenjauche aus Blättern und Blüten stärkt alle Pflanzen (kann sogar an Salat gegossen werden, der im allgemeinen wegen des Nitrateintrags nicht nachgedüngt werden soll) und fördert das Bodenleben in ausgelaugten Böden.

Kompostbrühe ist sehr geeignet zum Nachdüngen von Pflanzen, die einen kräftigen Nahrungszuschlag brauchen. Dabei wird eine Schaufel Kompost in Wasser verrührt, bleibt 3 Tage stehen und wird dann unverdünnt direkt an die Wurzeln von (bereits angewachsenen) Pflanzen gegeben. Kompostbrühe bekommt vor allem Beerensträuchern kurz nach der Blüte gut.

Organische Handelsdünger

Im Handel sind zahlreiche Dünger aus organischen Stoffen. Sie haben gegenüber Kompost und Pflanzenjauchen den Vorteil, daß man sie ganz gezielt bei Mangel an bestimmten Nährstoffen einsetzen kann. Im Gegensatz zu synthetischen Düngern (Kunstdüngern) wirken sie aber nicht sofort, sondern müssen – da es sich ja um organische Stoffe handelt – erst von den Bodenorganismen in Nährstoffe umgewandelt werden. Diese Bio-Dünger werden (wenn man keinen oder zu wenig Kompost hat) im zeitigen Frühjahr – mindestens 4 Wochen vor der Bestellung der Beete – leicht in die Oberfläche des Bodens eingearbeitet. Auch zum Nachdüngen sind sie geeignet. Man streut sie entweder um die Pflanzen, besser noch löst man sie in Wasser auf, läßt sie 24 Stunden stehen und gießt sie direkt an die Wurzeln. Das ist vor allem sinnvoll, wenn Nachkulturen angebaut werden; schließlich haben die Hauptkulturen dem Boden schon viele Nährstoffe entnommen.

Die wichtigsten organischen Dünger und ihre Nährstoffe sind:
Hornspäne und Hornmehl: Stickstoff
Knochenmehl: Phosphat und Kalk
Blutmehl: Stickstoff und viele Spurenelemente
Getrockneter Rindermist: Kalium und Kalk
Guano-Dünger: Kalk, Phosphat, Spurenelemente, Stickstoff
Algendünger: Kalium und Spurenelemente
Rhizinusschrot: Kalium, Stickstoff, Phosphat

Bodenanalysen

Fast 70 % der Kleingärten sind überdüngt – die meisten sogar einseitig mit Stickstoff oder Phosphat belastet. Das sieht man dem Boden nicht mit bloßem Auge an. Um wirklich optimale Ernten zu erzielen und im Ziergarten gesunde, reichblühende Pflanzen ziehen zu können, sollte der Gartenbesitzer alle 3 Jahre im Herbst eine Bodenanalyse erstellen lassen. Diese Analysen werden von speziellen Bodenuntersuchungs-Instituten der Länder, aber auch von Gartenzeitschriften, Düngemittel-Herstellern oder Saatgut-Versendern angeboten. Zur Bodenanalyse gehören immer auch Dünge-Empfehlungen. Düngemittel-Hersteller beschränken sich dabei natürlich auf ihre eigenen Produkte. Wer seinen Garten biologisch bewirtschaftet, sollte die Analyse von nicht kommerziellen Instituten machen lassen – und immer auch angeben, daß er biologisch wirtschaftet!

Nachdüngen bei Mischkultur
Das Nachdüngen bei Mischkultur ist einfach, wenn man die Pflanzenarten, die zusammen auf einem Beet stehen, entsprechend anordnet: Pflanzen, die nachgedüngt werden müssen, stehen besser in den mittleren Reihen des Beetes, solche, die keine Nachdüngung brauchen (z.B. Salat, Möhren, Rettiche, Spinat) an den Rändern. Starkzehrern, die einen kräftigen Start brauchen (Tomaten, Kohl), kann man organische Dünger oder Mistkompost schon bei der Pflanzung mit ins Pflanzloch geben.

Azet-Dünger: Stickstoff, Kalium, Phosphat, Spurenelemente und Mikroorganismen
Auch als »Volldünger« sind organische Düngestoffe auf dem Markt, zum Beispiel als Mischung aus Blut-, Horn- und Knochenmehl.

Naturnahe Gründüngung

Gründüngung ist eine sinnvolle Mischung zwischen Mulchen und Düngen. Auch hier folgt man ganz dem Rezept der Natur: Die Pflanzen sollen wachsen und im Vergehen gleich den Boden ernähren. Bei vielen Mischkulturen kann Gründüngung als Vor- oder Nachkultur eingesetzt werden. Beispiel: Wenn man Tomaten pflanzen möchte, die ja erst Mitte Mai ins Freie kommen, sät man vorher eine schnellwachsende Gründüngung (Senf) auf das Beet. Oder wenn man ein Beet abgeerntet hat und es während des Winters nicht nutzen möchte, sät man wiederum Gründüngung. Diese Pflanzen lockern mit ihren Wurzeln den Boden, holen sich ihre Nährstoffe auch aus tiefen Schichten des Bodens. Wenn sie abgemäht werden oder im Winter abfrieren, bedecken und schützen sie die Erde, die verrottenden Wurzeln bilden richtiggehende Lüftungsschächte, und die welkende Blattmasse ernährt die Bodenlebewesen. Winterharte Gründüngungspflanzen sterben im Winter nicht ab. Sie werden erst im Frühjahr herausgezogen und auf den Kompost gegeben.

Einige Gründüngungspflanzen haben aber noch weitergehende Eigenschaften: Leguminosen (Lupinen, Wicken, Inkarnatklee, Ackerbohnen) leben in Symbiose mit stickstoffbindenden Bakterien. Dieser Stickstoff wird in kleinen Knöllchen an den Wurzeln eingelagert und dient – vorausgesetzt, die Gründüngung wird kurz vor oder nach der Blüte abgemäht – den Bodenlebewesen und damit auch den nachfolgenden Pflanzen als Nahrung. Leguminosen haben besonders tiefreichende Wurzeln, die vor allem bei schweren, verdichteten Böden zur Bodenlockerung beitragen. Saat-Mischungen, die Studentenblumen (*Tagetes*), Ringelblumen (*Calendula*) und andere Blütenpflanzen enthalten, sind wirksam gegen Nematoden, die sonst die Gartenpflanzen schädigen könnten.

Grüne Decke schützt und nährt

Gründüngungspflanzen können bestens in die Mischkultur eingebaut werden. Wann immer ein Beet leer steht, sich sozusagen in »Warteposition« befindet, sät man sie aus. Allerdings wird sich das nicht immer und

So wirkt Gründüngung
Gelbsenf unterdrückt Unkraut, lockert den Boden, wehrt Nematoden ab, wirkt desinfizierend.
Inkarnatklee (Trifolium incarnatum, winterhart) lockert den Boden tief, reichert ihn mit Stickstoff an.
Lupinen (Lupinus, einjährig) lüften den Boden, reichern ihn mit Stickstoff an.
Ölrettich (Raphanus sativus var. oleiformis) lockert schwere Böden, desinfiziert.
Bienenfreund (Phacelia) bewirkt gute Bodengare und lockeren Boden.
Ringelblume (Calendula) tötet Nematoden ab; dasselbe gilt für Studentenblume (Tagetes).
Rotenburger Gemenge lockert durch tiefe Wurzeln den Boden, reichert ihn mit Stickstoff an, bringt viel Grünmasse.
Spinat bedeckt den Boden, lockert den Oberboden (und kann überdies als Salat und Gemüse gegessen werden).
Wicken reichern Stickstoff im Boden an.
Winterraps, Winterzottelwicke, Winterweizen und Winterroggen (winterhart) lockern den Boden, versorgen ihn durch im Frühjahr verrottende Wurzeln mit Nährstoffen.

in jedem Klima verwirklichen lassen. In kalten Mittelgebirgslagen wird im September die Saat nicht mehr aufgehen, ebensowenig früh im März.

Als Faustregel gilt, daß man die einjährigen Gründüngungspflanzen abmähen sollte, wenn sie rund 15 cm hoch sind. Die Blattmasse bleibt auf dem Beet liegen, das man nur noch mit dem Krail auflockert. Das oft empfohlene »Einhacken« der Gründüngung ist ebenso anstrengend wie sinnlos. Auf dem gelockerten Boden welken die oberirdischen Teile der Gründüngung schnell, nach wenigen Tagen sind sie zersetzt. Darauf muß man aber im Frühjahr nicht warten. Zwischen dem natürlichen Mulch kann man ohne weiteres pflanzen und – wenn man die Mulchschicht auf den Saatrillen beiseite schiebt – auch säen.

Wichtig: Niemals sollte man Gemüse und Gründüngung aus derselben Pflanzenfamilie nacheinander anbauen. Bodenschädlinge und Krankheiten könnten dadurch gefördert werden. Beispiel Kreuzblütler: Kein Kohl, Rettich oder Kresse nach oder vor Gelbsenf oder Ölrettich. Der Grund: Kohlhernie könnte übertragen werden.

Mulch – darunter lebt es

In der Natur – man muß immer wieder davon reden – ist der Boden stets bedeckt. Wo er offen daliegt, trocknet er aus, verschlämmt bei starkem Regen, verliert seine krümelige Struktur und damit auch die Voraussetzung für das Leben im Boden. Man sorgt deshalb dafür, daß der Boden möglichst immer bedeckt ist – mit Gründüngung oder mit Mulch.

Oft hört man das Argument, bei der dichten Bepflanzung einer Mischkultur sei Mulch nicht notwendig. Aber: So dicht ist die Bepflanzung auf einem Beet ja nicht immer, die Pflanzen brauchen schließlich Platz zum Wachsen. Mulch tut also auch Mischkulturbeeten gut. Nur bei sehr schweren Böden, die sich nur langsam erwärmen, läßt man den Boden lieber offen, sorgt aber dafür, daß die Blattmasse auf dem Beet ihn beschattet.

Auf leichten Böden aber sollte man während der Vegetationszeit immer eine dünne Mulchschicht zwischen die Pflanzen legen. Das hat mehrere Vorteile:

□ Niederschläge verdunsten langsamer, man muß weniger gießen.

□ Es entsteht kaum Verdunstungskälte, die Pflanzen wachsen besser.

□ Der Boden bleibt gleichmäßig warm, die Bodenlebewesen werden nicht gestört, können sich gleichmäßig vermehren.

□ Die Mulchschicht unterdrückt viele – nicht alle – Unkräuter.

□ Organisches Mulchmaterial wirkt wie Flächenkompostierung.

Mulchen kann man mit Rasenschnitt, den man vorher einen Tag anwelken läßt, mit Stroh, mit Kohl- und Rhabarberblättern, mit Brennesseln und Unkräutern, solange sie keine Samen tragen, mit Bohnen- und Erbsenstroh, also praktisch mit allen organischen Gartenabfällen. Unter Beerensträuchern mulcht man, wenn hier viele Unkräuter stehen, mit Stroh, Pappe oder speziellen, verrottbaren Mulchfolien.

Wintermulch hilft dem lebendigen Organismus Boden, gut über die kalte Jahreszeit zu kommen. Der Boden wird dort, wo er nicht mehr bewachsen ist, einfach zugedeckt. Das kann mit lebendiger oder abgefrorener Gründüngung geschehen, besser noch mit einer Schicht Laub oder Stroh. Wenn man im Frühjahr diese Schicht abnimmt, damit der Boden sich erwärmt, wird man staunen, wie locker selbst schwerer Boden darunter ist.

Eine Mulchschicht aus Stroh, Pflanzenabfällen, Rasenschnitt oder anderem organischen Material schützt den Boden.

Fruchtfolgen

Bei den Pflanzen ist es wie bei den Menschen: Die einen haben Riesenappetit und brauchen viel Nahrung, um sich prächtig zu entwickeln. Andere wieder sind mit ganz wenig Nahrung zufrieden, zuviel des Guten würde sie krank machen. Damit jeder Pflanzenart immer die richtige Nahrungsmenge zur Verfügung steht, haben die Gärtner die Fruchtfolge erfunden.

Verschiedene Pflanzen brauchen unterschiedlich viel Nahrung. Deshalb muß die Mischkultur gut geplant werden.

Fruchtfolgen gegen Bodenmüdigkeit

Schon vor mehr als 1000 Jahren erkannten die Bauern, daß ihre Ernten immer geringer wurden, wenn sie Jahr für Jahr dieselben Pflanzen auf demselben Acker anbauten. Aufgrund solcher Erfahrungen kam es zur Dreifelderwirtschaft: Zwei Jahre nacheinander wurden auf einem Feld zwei verschiedene Feldfrüchte angebaut, danach ließ man den Acker ein Jahr brach liegen, der Boden konnte sich in dieser Zeit erholen.

Soviel Platz wie in der »guten alten Zeit« hat heute kein Gartenbesitzer mehr. Auf wenig Raum soll – zumal im Gemüsegarten – so viel wie möglich gedeihen. Trotzdem kann, ja gerade deshalb muß das alte, bewährte Prinzip der Fruchtfolge auch im Nutzgarten angewandt werden. Das heißt, daß man jedes Jahr die Beete mit anderen Gemüsearten bepflanzt, als ein Jahr zuvor.

Diese Form der Fruchtfolge hat mehrere Gründe. Pflanzen haben unterschiedliche Nährstoffansprüche, sie entziehen dem Boden nur die Nährstoffe, die sie brauchen. Wo man mehrere Jahre nacheinander immer dieselben Pflanzenarten anbaut, wird der Boden einseitig ausgebeutet, Nährstoffe, die nicht benötigt werden, nehmen überhand, andere wiederum fehlen. Das führt auch zu einseitiger Entwicklung der Bodenlebewesen. Mit der Zeit verarmt der Boden, die Pflanzen müssen dann künstlich, d.h. mit Mineraldüngern, ernährt werden (davon war schon in Kapitel 2 die Rede). Und das wiederum geht auf Kosten ihrer Gesundheit, ihres Geschmacks und – ganz wichtig – ihrer wertvollen Inhaltsstoffe.

Der zweite Nachteil der Monokultur: Durch spezielle Wurzelausscheidungen beeinflussen Pflanzen den Boden. Sind es über längere Zeit immer dieselben Ausscheidungen, vergiften diese die Bodenorganismen, die selbst zusätzliche Düngergaben nicht mehr zu Nährstoffen für die Pflanzen verarbeiten können.

Fruchtfolgen im Garten

Immer wieder wird behauptet, in einem Garten mit Mischkultur spielten die Fruchtfolgen keine Rolle, weil hier ohnehin die unterschiedlichsten Pflanzenarten – Gemüse, Blumen, Kräuter – gemeinsam oder nacheinander auf einem Beet stehen.

Das stimmt aber so nicht. Auch bei der Mischkultur spielt das Nährstoffangebot eine entscheidende Rolle. Und man muß darauf Rücksicht nehmen, ob nacheinander angebaute Pflanzenarten von den Wurzelausscheidungen ihrer Vorgänger gefördert oder gehemmt werden. Auch Krankheiten und Schädlinge nehmen überhand, wenn ihnen jahraus, jahrein genau das geboten wird, was sie brauchen.

Dreijährige Fruchtfolge: An den Zahlen rechts oben kann man die Fruchtfolge ablesen. 1 ist das Quartier der Starkzehrer, 2 sind die Schwachzehrer, 3 die Mittelzehrer und 4 die Dauerkulturen.

1 2
3 4
3 1
2 4
2 3
1 4

Stark-, Mittel- und Schwachzehrer

Fruchtfolge gilt also auch im Gemüsegarten – und dazu noch Mischkultur. Und nicht zu vergessen: Bei der Mischkultur stehen nicht nur mehrere Pflanzenarten gleichzeitig nebeneinander auf den Beeten, sondern auch noch Vorkulturen im zeitigen Frühjahr und Nachkulturen im Herbst. Manchem Hobbygärtner mag die Kombination von Fruchtfolgen mit Mischkultur, von Vor-, Haupt-, Zwischen- und Nachkulturen äußerst kompliziert erscheinen.

Doch nur auf den ersten Blick. Wenn der Gartenbesitzer sich erst einmal klar macht, welche Ansprüche welche Pflanzen haben, wird er das ganze Prinzip schnell durchschaut haben.

Vor allem Gemüsepflanzen kann man in drei Kategorien aufteilen:

1. Die Starkzehrer, die sehr viele Nährstoffe verbrauchen (s. Tabelle). Ihnen genügt der Kompost nicht, der im Frühjahr auf das Beet gegeben wird. Starkzehrer brauchen zusätzlich organische Düngung, die alle Nährstoffe und Spurenelemente enthält. Einseitige Stickstoffdüngung ist eher schädlich. Wo Starkzehrer wachsen sollen, muß das Beet schon im Herbst gut vorbereitet werden. Der Boden wird gelockert und, wenn vorhanden, halbverrotteter Mist ca. 5 cm hoch auf die Oberfläche gestreut; danach deckt man das Beet dick mit Stroh ab. So wird der Stickstoff nicht ausgewaschen, und die Bodenorganismen sind unter der schützenden Strohdecke auch den Winter über aktiv. Im Frühjahr, wenn das Stroh abgenommen wird, ist der Boden locker und nährstoffreich. Eine andere Möglichkeit: Wenn das Beet im Herbst leergeräumt ist, wird eine Gründüngung eingesät, die man abfrieren und auf dem Beet liegen läßt. Das gilt natürlich nur für Beete, die nach der Ernte im Herbst leer stehen. Hat man bis in den Februar hinein von einem Beet noch Feldsalat, Lauch oder andere Winterfrüchte zu ernten, wird der Boden erst im Frühjahr für die Starkzehrer vorbereitet. Zusätzlich zum Kompost (10 Liter pro Quadratmeter) wird organischer Dünger ausgebracht. Das kann Mistkompost sein, getrockneter Rindermist, Guano oder eine Mischung aus Horn-, Blut- und Knochenmehl. Diese Düngegaben sollten spätestens vier Wochen vor der Pflanzung leicht in den Boden eingearbeitet werden. Nur dann haben die Bodenlebewesen Zeit, daraus Nährstoffe zu produzieren, die den Pflanzen zur Verfügung stehen, wenn sie ins Freie kommen. Alle Starkzehrer brauchen in der Wachstumsphase mehrmals eine zusätzliche Düngung aus Pflanzenjauche, Kompostbrühe oder verflüssigtem organischem Dünger. Bei leichten Böden ist es sinnvoll, etwas Steinmehl direkt ins Pflanzloch zu geben, dieses Material speichert nicht nur Feuchtigkeit, sondern auch Nährstoffe. In schweren Böden kann man auf Steinmehl verzichten, denn der Boden selbst hält Nährstoffe und Wasser fest.

Ein wichtiger Tip: Sparen Sie die Ränder der Beete beim Düngen aus, hier können dann die Begleitpflanzen gesetzt werden, die weniger Nährstoffe brauchen.

2. Die Mittelzehrer sind die größte Gruppe der Gemüsepflanzen. Ihnen genügt – je nach Bodenbeschaffenheit – Kompost als Dünger. In leichten, sandigen Böden gibt man auf die Beete 10 Liter Kompost, in schweren Böden etwas weniger. Fachleute empfehlen hier sogar nur 5 Liter pro Quadratmeter. Auf zusätzlichen Dünger kann verzichtet werden.

Hauptkultur und Nebenkultur mit unterschiedlichen Nährstoffansprüchen: Die Tomate steht im gut gedüngten Mittelteil des Beetes, Salat und Zwiebeln, die weniger Nährstoffe brauchen, wachsen an den Beeträndern, wo kaum gedüngt wurde.

Je nachdem, wie die Pflanzen heranwachsen, sollte man ab und zu mit etwas Pflanzenbrühe nachdüngen – allerdings nur bei Blattgemüse, niemals bei Wurzelgemüse.

3. Die Schwachzehrer bestehen aus zwei Gruppen. Da sind einmal die Pflanzen, die tatsächlich nur ganz wenige Nährstoffe brauchen (fast alle Küchenkräuter gehören dazu), zum anderen Pflanzen, die ihre Nahrung, zumindest den Stickstoffanteil, von speziellen Bakterien beziehen, mit denen sie eine Lebensgemeinschaft bilden. Dazu gehören alle Bohnen- und Erbsenarten. Sie beherbergen die Bakterien, die Stickstoff aus der Luft sammeln, in kleinen Knöllchen an ihren Wurzeln. Die Pflanzen verwerten den Stickstoff schließlich, während ihre Früchte reifen.

Wechselnde Quartiere

Das Geheimnis erfolgreicher Gemüsegärtner ist die sinnvolle Kombination von Fruchtfolgen und Mischkultur. Dabei handelt es sich eigentlich nicht um ein Geheimnis, sondern um das Ergebnis von logischem Denken und die Kenntnis dessen, was Pflanzen zum Gedeihen brauchen.

Um die Fruchtfolgen einzuhalten, werden Starkzehrer, Mittelzehrer und Schwachzehrer im Garten in ständiger »Rotation« angebaut. Wo im ersten Jahr Starkzehrer standen, ist meist noch soviel Nährstoffreserve vorhanden, daß im zweiten Jahr – mit einer schwachen Kompostgabe – die Mittelzehrer ausreichend ernährt werden können. Im dritten Jahr sind dann die Schwachzehrer an der Reihe, für die der verbliebene Rest der Nährstoffe gerade genug ist.

Damit man bei der Rotation den Überblick behält, wird der Garten in Quartiere aufgeteilt. Jedes Quartier kann mehrere Beete umfassen. Auf dem Quartier der Starkzehrer läßt man den Wintermulch aus Mist und Stroh oder Gründüngung solange liegen, bis die Sonne Ende Februar mehr Kraft hat. Dann nimmt man die wärmende Winterdecke ab und läßt den Boden warm werden. Diese Beete bepflanzt man erst Mitte Mai, wenn die Starkzehrer im Gewächshaus (oder beim Gärtner) zu kräftigen Setzlingen herangewachsen sind. Nur ganz wenige Gemüsearten dieser Gruppe (Neuseeländer Spinat, Zuckermais, Mangold, Chicoree, Pastinaken) werden direkt ausgesät. Da im biologischen Garten die Erde immer bedeckt sein sollte, sät man im zeitigen Frühjahr Gründüngung auf diese Quartiere. (Wenn Spinat als Gründüngung verwendet wird, sollte man ihn nicht verzehren, er enthält zuviel Nitrat.) Das hält den Boden feucht und locker, unterdrückt Unkräuter und dient später als Mulch.

In der Mischkultur vertragen sich viele Starkzehrer gut miteinander. Wo Mittelzehrer dazugepflanzt werden, setzt man sie an den Rand der Beete, an dem man – Planung ist alles! – von vornherein weniger Dünger ausgebracht hat. Es gibt nämlich Gemüsepflanzen die, wenn sie in einem Boden wachsen, der für sie zu stark mit Stickstoff versorgt ist, viel Nitrat ansammeln. Das ist beispielsweise der Fall bei Spinat, Kopfsalat, Rettich und Radieschen, Roten Beten, Kohlrabi und Feldsalat. Ihr Nitratgehalt steigt, wenn sie auf Beeten stehen, die für Starkzehrer richtig, für sie aber zu stark gedüngt sind. Besser ist, den Starkzehrern Gemüsearten zuzugesellen, die von sich aus wenig Nitrat anreichern. Dazu gehören Endivie, Zwiebeln, Bohnen, Chinakohl und alle Fruchtgemüse.

Auf dem Quartier der Mittelzehrer hat man es einfach. Hier kann schon ab Anfang April gesät und gepflanzt werden; Reihe um Reihe wird die Hauptkultur nachgepflanzt, während die Vorkultur schon geerntet wird. Und im Herbst können problemlos auch nitratsammelnde Arten angebaut werden, denn während des Sommers würde der Stickstoffgehalt ja gewaltig abgebaut. Doch auch hier kann man nicht alles, was sich im Grunde verträgt, zusammenpflanzen. Die einen Arten brauchen mehr, die anderen weniger Wasser, Gemüsearten, die sehr groß werden, nehmen anderen Platz und Nahrung weg. Der Gärtner braucht auch hier Sachkenntnis und Fingerspitzengefühl. Er sollte nicht nur wissen, welche gute Nachbarn sind, er muß auch bedenken, wie lange sie miteinander auskommen – denn Pflanzen haben ganz unterschiedliche Wachstumszeiten. Anhand von Beispielen wird in Kapitel 6 gezeigt, wie man Mischkulturen kombinieren kann.

Dauerkulturen bleiben mehrere Jahre am selben Standort im Garten – sie werden nicht in die Fruchtfolgen einbezogen. Zu den Dauerkulturen gehören zum Beispiel Rhabarber und Spargel. Auch Erdbeeren bleiben 3 Jahre oder sogar länger auf demselben Beet, Topinambur ist ebenfalls Dauergast an einem Platz, und auch Tomaten sollte man mehrere Jahre nacheinander am selben Platz anpflanzen. Da bei Dauerkulturen der Boden einseitig ausgenutzt wird, sollte man nach dem Ende der Kultur mehrere Jahre lang nur andere Pflanzenarten dort anbauen.

Viel oder wenig Nitrat
Viel Nitrat reichern an:
Kopfsalat, Feldsalat, Mangold, Rhabarber, Rote Bete, Spinat, Rettich, Kohlrabi, Fenchel, Kohlrabi.
Mittlere Nitratwerte haben: Weißkohl, Wirsing, Chinakohl, Zucchini, Endivie, Sellerie.
Wenig Nitrat enthalten:
Auberginen, Paprika, Tomaten, Zwiebeln, Blumenkohl, Brokkoli, Bohnen, Erbsen, Chicoree, Gurken, Kartoffeln, Paprika, Lauch, Möhren, Rosenkohl, Rotkohl, Schwarzwurzeln, Spargel.

Auf einen Blick
Im Starkzehrerquartier nur Starkzehrer in Mischkultur anbauen, Mittelzehrer, die kein Nitrat sammeln, an den Beeträndern. Als Vorkultur nur Gründüngung.
Im Mittelzehrerquartier ab März Vorkulturen pflanzen und säen; unterschiedliche Mittelzehrer in Mischkulturen, auch nitratsammelnde Nachkulturen.
Im Schwachzehrerquartier sind mehrere Folgen von Schwachzehrern nacheinander möglich; leichte Nachdüngung günstig.

Immer den Überblick behalten

Für den Anfänger in Sachen Mischkultur empfiehlt es sich – der guten Übersicht wegen – einen einfachen Gartenplan zu Papier zu bringen. Das ist eine gute Hilfe, auch fürs kommende Jahr. Dann sollte man sich entscheiden, welche Art der Fruchtfolge (keine Angst, es gibt nur drei) man wählen will. Am einfachsten ist die dreijährige Fruchtfolge. Dabei werden drei Quartiere festgelegt. Eines ist für die Starkzehrer reserviert, eines für die Mittelzehrer und eines für die Schwachzehrer. Im zweiten Jahr stehen auf dem Starkzehrerbeet die Mittelzehrer, auf dem der Mittelzehrer die Schwachzehrer und dort, wo die Schwachzehrer standen, werden die Beete neu für die Starkzehrer vorbereitet. Im dritten Jahr rückt die Folge nochmals ein Quartier weiter, und im vierten Jahr ist man wieder bei der Ausgangs-Situation angelangt.

Die zweijährige Fruchtfolge eignet sich besonders gut für Mischkultur in kleinen Gärten, denn es gibt nur zwei verschiedene Quartiere. Eines für Starkzehrer und eines für Mittelzehrer. Die Schwachzehrer werden zwischen die Pflanzen im Mittelzehrerquartier gesetzt, bzw. vor oder nach ihnen angebaut. Gewechselt wird im Jahres-Turnus.

Die vierjährige Fruchtfolge ist notwendig, wo der Boden erst noch in einen guten, humosen Zustand gebracht werden muß – also bei Neuanlagen nach einem Hausbau, wenn eine Wiese zum Garten umgewandelt oder ein Garten auf biologischen Anbau umgestellt wird. Sie ist nur dort möglich, wo man viel Platz hat. Hier wird der Garten in vier Quartiere eingeteilt. Drei davon werden wie bei der dreijährigen Fruchtfolge bewirtschaftet, das vierte mit Gründüngung eingesät. Allerdings muß dieses Quartier vor der Aussaat der Gründüngungspflanzen gut mit Mistkompost oder anderem organischem Dünger versorgt werden. Auf das Gründüngungsquartier kommen im folgenden Jahr die Starkzehrer, das Schwachzehrerquartier wird mit Gründüngung eingesät. Die Gründüngung entspricht der Brache in der Dreifelderwirtschaft.

Was nicht nach sich selbst gedeiht
Erbsen, Erdbeeren, Gurken, Kartoffeln, Kernobst, Kohl, Möhren, Petersilie, Rosen, Rote Bete, Sellerie, Spinat, Steinobst

Ungünstige Fruchtfolgen
Erbsen nicht nach Lauch und Zwiebeln.
Tomaten nicht nach Kartoffeln.
Lauch nicht nach Zwiebeln.
Rote Bete nicht nach Spinat, Mangold und Kohl.
Sellerie nicht nach Möhren und Petersilie.
Gurke nicht nach Spinat und Zwiebeln.
Spinat nicht nach Kohl und Roten Beten.

Starkzehrer
Blumenkohl, Brokkoli, Chicoree, Grünkohl, Gurken, Kartoffeln, Kürbis, Lauch, Mangold, Neuseeländer Spinat, Pastinaken, Sellerie, Tomaten, Weißkohl, Wirsing, Zucchini, Zuckermais

Mittelzehrer
Auberginen, Blattsalate, Chinakohl, Endivien, Feldsalat, Knoblauch, Knollenfenchel, Kohlrabi, Möhren, Pak Choi, Paprika, Puffbohne (Dicke Bohne), Rettich, Rosenkohl, Rote Bete, Schwarzwurzeln, Spinat, Zwiebeln

Schwachzehrer
Alle Bohnenarten, Erbsen, Frühlingszwiebeln, Radieschen, viele Küchenkräuter

Pflanzenschutz durch Mischkultur

Pflanzen können sich gegenseitig schützen – durch ihre Wurzelausscheidungen und ihre Düfte. Krankheitserreger treten erst gar nicht auf, Schädlinge werden irritiert und abgewehrt. Deshalb ist eine gute Mischung von Nutzpflanzen, Kräutern und Blumen im Garten der beste Pflanzenschutz. Und zwar als Vorbeugung wie auch als Hilfe, wenn der Schaden schon da ist. Düfte und andere Inhaltsstoffe wirken auch in Pflanzentees und -auszügen, die man als Abwehr gegen Krankheiten und Schädlinge einsetzen kann.

So werden Pflanzen durch Pflanzen geschützt: Kapuzinerkresse unter Obstbäumen lockt schwarze Läuse und Blutläuse vom Baum weg auf sich.

Wenig Chancen für Krankheiten und Schädlinge

Um es gleich vorweg zu sagen: Man kann einen biologisch bewirtschafteten Garten nicht absolut frei von Schädlingen halten. Das ist auch nicht notwendig. Vielmehr geht es darum, den Garten im Gleichgewicht zu halten, dafür zu sorgen, daß sich Schädlinge und Krankheitserreger in Grenzen halten und nicht ganze Kulturen vernichtet werden. Ein paar Blattläuse schaden nicht. Wenn Schnekken den einen oder anderen Setzling auffressen, kann man damit leben, und auch ein paar durchlöcherte Kohlblätter mindern die Ernte nicht wesentlich.

Schädlinge sind, wenn man es richtig betrachtet, nämlich auch Nützlinge. Mit ihrer Hilfe betreibt die Natur eine Art Auslese: Nur die starken Pflanzen überleben, die schwachen dienen den »Schädlingen« als Nahrung. Im Garten sieht das allerdings anders aus. Viele der Pflanzen dort sind »schwach«, weil sie vom Menschen manipuliert, auf Leistung und nicht auf Überleben gezüchtet wurden. Ein Beispiel: Aus vielen Salatsorten ist der Bitterstoff herausgezüchtet, der die ursprüngliche Wildpflanze vor Fraßschädlingen schützte. Oder die Rosen: Wildrosen sind robust, ihre Blätter enthalten Abwehrstoffe gegen Pilzsporen (Mehltau, Rost) und in geringerem Umfang auch gegen Blattläuse. Edelrosen hingegen, die auf die Schönheit und Farbe der Blüte und auf lange Blütezeit gezüchtet sind, enthalten diese Abwehrstoffe kaum noch und sind entsprechend anfällig gegen allerlei Krankheiten und Schädlinge.

Die sogenannten Schädlinge haben – auch im Interesse des Gartenbesitzers – noch eine andere nützliche Funktion: Sie dienen den »Nützlingen« als Nahrung. Nützlinge sind im Garten ungemein wichtig. Sie bestäuben Obst und Beeren und ermöglichen damit die Befruchtung, sie lockern den Boden, dezimieren Schädlinge. Werden mit der chemischen Keule auf einen Schlag alle Schädlinge im Garten vernichtet, dauert die Freude meist nicht lang, denn schon bald setzt eine wahre Invasion von Schädlingen ein. Der Grund: Bei diesem chemischen Rundumschlag sind auch alle Nützlinge getötet worden. Die Schädlinge aber sind schneller wieder da, sie vermehren sich – weil die Nützlinge fehlen – noch vehementer als vorher, fast ausnahmslos alle paar Wochen ums Zehntausendfache. Nützlinge – denkt man nur an den Marienkäfer oder die Florfliege – vermehren sich sehr viel langsamer. Bis wieder eine neue Generation von Nützlingen herangewachsen ist, haben die Schädlinge den Garten längst in Besitz genommen. Mit einer solchen Invasion werden die Nützlinge dann nicht mehr fertig. Also braucht man wieder Gift, und es gibt einen Kreislauf ohne Ende. Dazu kommt leider noch, daß sich Insektenarten, die zur Befruchtung von Beeren und Obst beitragen, unter Umständen überhaupt nicht mehr erholen – dann fällt auch die Ernte geringer aus.

Tagetes hält die Beete von Nematoden frei. Sie werden auch von Schnecken bevorzugt – vor dem Salat.

Mischkultur bewirkt, daß die Pflanzen kräftig und gesund heranwachsen – im Nutzgarten wie im Ziergarten. Ein lebendiger Boden mit ausgewogenem Nährstoffangebot trägt dazu bei. Überdüngte Pflanzen sehen vielleicht groß, kräftig und gesund aus – aber ihre Zellen sind stark vergrößert und dadurch dünnwandig geworden. Saugende und fressende Schädlinge finden sich hier in großer Zahl ein, weil sie leicht an ihr »Futter« kommen. Pflanzen mit relativ festen Zellwänden werden eher gemieden.

Schutz vor Krankheiten

Durch gute Nährstoffversorgung sind auch die Phytonzide der Pflanzen optimal ausgebildet. Dank dieser Ausscheidungen aus Wurzeln, Grünmasse und Blüten können die Pflanzen Bakterien, Pilzsporen und sogar bestimmte Bodenlebewesen (vor allem einige Nematodenarten, aber auch Insekten, Würmer und Bodenkrebschen) abwehren und sogar töten, weil die Substanzen für diese giftig sind.

Beispiele: Ringelblumen (*Calendula*) und Studentenblumen (*Tagetes*) wirken tödlich auf viele Nematodenarten. Beete oder ganze Gartenteile, die mit Nematoden verseucht sind, sollten für ein Jahr mit diesen beiden hübschen Blühern bepflanzt werden (bei Tagetes allerdings nicht mit den modernen Arten ohne Duft, sondern mit denen, die »riechen«), dann sind sie wieder nematodenfrei.

Zwiebeln und Knoblauch haben stark antibakterielle Wirkung – auch im Boden. Ihre Ausscheidungen vernichten vor allem auch

Pilzsporen. Deshalb wird man Knoblauch und Zwiebeln, aber auch Lauch zwischen Pflanzenarten setzen, die besonders anfällig sind für Pilzerkrankungen, zum Beispiel zwischen Erdbeeren, Kartoffeln und Rosen. Eine ganz ähnliche Wirkung hat übrigens auch Schnittlauch – er kann sogar in Blumenkästen als Nachbar von mehltaugefährdeten Pflanzen eingesetzt werden.

Die Starken überleben, die Schwachen werden geschützt

Meerrettich vernichtet *Monilia*-Pilze, und zwar die von Frucht- und Zweigmonilia. Setzt man ihn auf die Baumscheiben gefährdeter Pflanzen, vermindert oder verhindert Meerrettich einen Befall. Allerdings wird man hier keinen Meerrettich ernten, denn die Wurzeln lassen sich zwischen den Baumwurzeln kaum herausholen. Ist das Kartoffelbeet in der Nähe des Meerrettichs, bleiben Kartoffelkäfer fern – sein Geruch vertreibt sie.

Salat, vor allem Kopf- und Eissalat, vertreibt durch seine Wurzelausscheidungen Erdflöhe, ebenso Tomatenpflanzen.

Wermut verhindert, daß sich Säulenrost an Beerensträuchern bildet – leider hat Wermut aber auf alle Nachbarpflanzen eine wuchshemmende Wirkung.

Auch Kresse vertreibt durch ihr scharfes Aroma Erdflöhe und Läuse; wirksam ist sie unter Beerensträuchern und auf Baumscheiben. Im Gemüsegarten aber beeinträchtigt die Pflanze das Wachstum der anderen Gemüsepflanzen.

Irritation durch Düfte

Eine besonders sanfte Art des Pflanzenschutzes ist die Irreführung der Schädlinge durch die Mischkultur. Viele Schädlinge, vor allem Schmetterlinge und Insekten, sind auf eine ganz besondere Wirtspflanze angewiesen. Sie legen an dieser Pflanzenart ihre Eier ab, weil sich ihre Raupen und Larven nur von ihr ernähren können. Auf der Suche nach dieser ganz speziellen Wirtspflanze werden die Insekten vom Geruch geleitet. So findet zum Beispiel der Kohlweißling Kohlpflanzen nur, wenn er sie auch riecht. Steht der Kohl aber in Gemeinschaft mit einer kräftig duftenden Pflanze auf einem Beet oder in näherer Nachbarschaft, breitet sich der fremde Geruch wie ein Schirm über den Kohl aus. Der Schmetterling kann seine spezielle Wirtspflanze nicht finden, keine Eier ablegen – ergo gibt es auch keine löcherfressenden Raupen.

Eine andere Irritation für Schadinsekten sind Düfte, die sie abschrecken oder abwehren, weil sie ihnen unangenehm sind oder Gerüche vortäuschen, die Gefahr bedeuten. So verbreiten zum Beispiel Wildkartoffeln in Südamerika denselben Duft wie Blattläuse, wenn sie in Gefahr sind. Unseren Kulturkartoffeln hat man diesen Duft leider weggezüchtet.

Düfte können übrigens auch größere Tiere abwehren, vor allem Mäuse und Wühlmäuse. Eine Zeitlang kann man sie mit für sie übelriechenden Pflanzen abhalten – wenn sie allerdings herausgefunden haben, daß es trotz des »Gestanks« genug zu fressen gibt, kennen sie keine Hemmungen mehr.

Beispiele: Der Duft von Tomatenblättern und Sellerieblättern verhindert, daß der Kohlweißling seine Wirtspflanze, den Kohl findet. Zwischen den Kohl sollte man also immer Knollen- oder Staudensellerie pflanzen. Da Tomaten sich für die Mischkultur schlecht eignen – die Pflanzen werden groß und nehmen zuviel Wurzelraum in Anspruch – setzt man in die Kohlbeete einige ausgegeizte Triebe; sie schützen den Kohl, bringen aber keine Ernte. Auch wenn der Kohl im Beet neben Tomaten gesetzt wird, ist er noch geschützt.

Auch Buschbohnen, die man zwischen den Kohl setzt, bringen den Kohlweißling durcheinander. Er legt seine Eier an den Bohnenblättern ab, dort können die Larven aber nicht überleben.

Möhren irritieren, zwischen Lauch gesät, die Lauchmotte.

Zwiebeln und Möhren bilden sozusagen die klassische Mischkultur, weil durch ihre Düfte weder Möhrenfliege noch Zwiebelfliege ihr Ziel finden.

Auch Ameisen mögen keine starken Düfte. Sie flüchten aus dem Garten, wenn man starkduftende Pflanzen wie Geranien, Lavendel oder Thymian an gefährdete Plätze pflanzt, zum Beispiel auch unter Obstbäume, auf denen Ameisen mit Vorliebe ihre »Blattlauskulturen« anlegen.

Kaiserkrone (*Fritillaria imperialis*) und Vierzeilige Wolfsmilch (*Euphorbia lathyris*) sind für Mäuse und Wühlmäuse giftig, und die Tiere wissen das. Wo diese Pflanzen wachsen, bleiben sie lieber fern. Dazu muß allerdings gesagt werden, daß sie sich nicht allzu weit entfernen. Besonders gefährdete Kulturen sollten direkt mit diesen Abwehrpflanzen geschützt werden, denn 2 Meter weiter wühlen und fressen die Nager schon munter weiter. Wirksamer ist es allerdings, die Samen der Wolfsmilch etwa oder andere stark riechende Pflanzenauszüge direkt in die Gänge zu gießen.

Der richtige Saat-Termin

Nicht nur Pflanzen helfen sich gegenseitig bei der Abwehr von Schädlingen und Krankheiten – auch der Gärtner kann einiges tun, z. B. richtig planen.

Eine Anzahl von Schädlingen hält sich an ganz bestimmte Zeiten, zu denen sie ihre Eier ablegt. Befindet sich die Wirtspflanze zu diesem Zeitpunkt in einem geeigneten Entwicklungsstadium, ist das für den Schädling von Vorteil – er kann seine Eier ablegen, für die Larven sind ideale Bedingungen geschaffen. In der Mischkultur kann man diese Termine gut umgehen. Man pflanzt entweder lange vor oder nach der Flugzeit der Schadinsekten. Weil die Beete ja schon mit anderen Gemüsearten besetzt sind, entstehen keine Lücken.

Beispiele: Die erste Generation der Kohlfliege fliegt zur Eiablage von Ende April bis Mitte Mai. Also sollten Kohlarten entweder Anfang April oder erst Ende Mai ins Freiland gepflanzt werden.

Der Erbsenwickler legt seine Eier im Mai bis Juni – also werden Erbsen, die ja nicht sehr frostempfindlich sind, schon Anfang bis Mitte April ausgesät und dann erst wieder ab Ende Juni. Da der Erbsenwickler auch Bohnen befällt, sät man in gefährdeten Jahren die Bohnen ebenfalls erst Ende Juni – sie bringen auch dann noch gute Ernten.

Die Möhrenfliege legt ihre Eier im Mai ab, also werden Möhren entweder schon im März oder erst ab Juli gesät (beim Saatgut dabei frühe und späte Sorten berücksichtigen).

Die Wurzelfliege findet keinen idealen Wirt mehr, wenn man Bohnen und Gurken erst bei gut erwärmtem Boden (12°C) sät und pflanzt.

Nützlinge anlocken

Nützlinge nennt man die Tiere im Garten, die helfen, Schädlinge in Grenzen zu halten. Nützlinge sind zum Beispiel Marienkäfer, deren Larven und erwachsene Tiere während ihres kurzen Lebens bis zu 3000 Blattläuse fressen. Die erwachsene Florfliege mit ihren durchsichtigen grünen Flügeln und den goldenen Augen ernährt sich zwar von Blütenpollen, ihre Larven aber sind gewaltige Blattlausjäger. Ebenso dezimieren die Larven der Schwebfliege ganze Blattlauskolonien. Schlupfwespen legen ihre Eier in Blattläuse, Raupen und Gespinstmotten, ihre Larven fressen den Wirt von innen auf. Laufkäfer, Gallmücken, Raubwanzen, Spinnen und Ohrwürmer sind ebenfalls nützliche Helfer beim Pflanzenschutz im Zier- und im Nutzgarten.

Und nicht zu vergessen: Igel, Blindschleichen, Kröten und Frösche verzehren eine Menge Schnecken und Insekten. Maulwürfe fressen unterirdisch ein Mehrfaches ihres Eigengewichts an Raupen und Käfern, rühren aber – im Gegensatz zu den Wühlmäusen – niemals die Wurzeln an.

All diesen nützlichen Tieren sollte man im Garten den Aufenthalt so angenehm wie möglich machen, einige kann man sogar direkt anlocken.

Beispiele: Marienkäfer wandern endgültig ab, wenn sie keine Nahrung mehr finden. Deshalb dürfen Blattläuse nie restlos vernichtet werden, auch nicht mit biologischen Mitteln.

Florfliegen und viele bestäubende Insekten kann man anlocken, indem man gelbblühende Pflanzen auch zwischen das Gemüse pflanzt.

Weißblühende Doldenblütler locken ebenfalls viele Nutzinsekten, vor allem Schwebfliegen, an.

Schlupfwespen bleiben standorttreu, wenn man ihnen in gebündelten Schilfrohren oder in Holzklötzen, in die man tiefe Löcher bohrt, ein Winterquartier anbietet.

Im Winter sollte man den Garten niemals aufräumen wie eine gute Stube. Vielmehr sind Laubhaufen, Wurzelstrünke, kleine Zweighaufen und Bretter gefragt. Hier finden die Nützlinge Unterschlupf, den sie oft in der freien Natur, die ja auch planiert und denaturiert ist, vergeblich suchen. Für Igel und Blindschleichen dient ein Totholzhaufen als Winterquartier, und wer einen Gartenschuppen hat oder einen unbewohnten Speicher unterm Dach, sollte ihn ja nicht hermetisch abschließen; einige unserer Gartenhelfer nutzen ihn gern im Winter.

Auch eine Methode: Fangpflanzen

Pflanzen, die besonders von bestimmten Schädlingen bevorzugt werden, können auch als »Fangpflanzen« benutzt werden. Man kann auf ihnen die Schädlinge absammeln. Diese Fangpflanzen eignen sich nicht unbedingt für den Nutzgarten, sie sind bestenfalls im Ziergarten und Obstgarten zu gebrauchen. Es ist allerdings nicht jedermanns Sache, eingesammelte Schnecken, Käfer oder Raupen auf die eine oder andere Art zu töten. Besser ist immer, vorzubeugen.

Beispiele:

Tagetes wird von Schnecken sehr geschätzt. Kaum gepflanzt, finden sich die Kriechtiere auch schon in Mengen ein und können abgesammelt werden. Im Nutzgarten ist diese Methode nicht zu empfehlen, da die Schnecken sehr schnell auch zu jungem Salat und anderen »feinen« Sachen übergehen. Im Ziergarten aber, wo Schnecken nicht so stark überhand nehmen, können Tagetespflanzen schon manche Kostbarkeit vor den gefräßigen Kriechtieren retten. Die Kaiserkrone wird, wenn sie anfängt zu welken, gerne von Lilienhähnchen als Unterschlupf und zur Eiablage genutzt – lieber als die Lilienstengel. Wer mitten in seine Lilien Kaiserkronen pflanzt, kann die Käfer ablesen und später die Kaiserkronenstengel mitsamt Eiern und Larven verbrennen. Kapuzinerkresse ist bei schwarzen Läusen außerordentlich beliebt (auch Blutläuse zieht die Kapuzinerkresse an), oft sind die Unterseiten der Blätter total schwarz von Läusen. Wird sie neben Bohnen und auf Baumscheiben gepflanzt, kann man so oft wie nötig ihre befallenen Blätter abschneiden und mitsamt den Läusen vernichten. Bei sehr starkem Befall nimmt man die ganze Pflanze heraus.

Hausgemachter Pflanzenschutz

Die in den Pflanzen enthaltenen Wirkstoffe und ätherischen Öle wirken auch in »hausgemachten« Pflanzenschutzmitteln, die man einsetzt, wenn Schädlinge oder Krankheiten in beunruhigendem Ausmaß auftreten. Solche Notfälle kommen auch im bestgepflegten Biogarten einmal vor, fast immer verursacht durch extreme Witterung (warmer Winter, zu frühe Hitze, langanhaltend feuchtwarmes oder nasses Wetter). Auch Mischkulturen, die zu eng gepflanzt sind, können zur Ursache einer Pilzerkrankung oder einer Schädlingsinvasion werden. Auf Insektizide und Fungizide kann man trotzdem leicht verzichten – die Natur liefert eine ganzes Arsenal von Hilfmitteln, mit denen der Gärtner sich der Schädlinge und Krankheitskeime erwehren kann. Und, wie könnte es anders sein, diese Hilfsmittel sind exakt dieselben, die auch den Pflanzen selbst zu Gebote stehen, um sich gegen Angreifer zu schützen. Diese Wirkstoffe werden in Brühen, Tees oder Kaltwasserauszügen aus den Pflanzen herausgelöst und vorbeugend oder als Notmaßnahme gespritzt. Dabei unterscheidet man vier Wirkungsweisen:

Marienkäfer sind Helfer des Gärtners

Mit ätzenden oder toxischen (vergiftenden) Wirkstoffen werden ober- und unterirdische Schädlinge getötet. (Rhabarberblätter, Rainfarn, Wermut, Brennessel).

Mit keimtötenden Wirkstoffen wird die Ausbreitung von Bakterien und Pilzsporen gestoppt (Knoblauch, Meerrettich, Zwiebeln, Kamille, Schafgarbe).

Mit abwehrenden Düften werden Schadinsekten irritiert und vertrieben (Tomate, Holunder, Schwarze Johannisbeere, Wurmfarn).

Mit zellhärtenden Stoffen, z.B. Kieselsäure, werden Zellwände gefestigt, Pilzsporen können nicht ins Innere eindringen, Insekten nicht saugen oder fressen (Ackerschachtelhalm).

Wirksame Pflanzenbrühen

Ackerschachtelhalm: Tee oder Brühe aus Ackerschachtelhalm (oder Waldschachtelhalm) wird vorbeugend gegen Pilzkrankheiten und Milbenbefall eingesetzt. Wo im Vorjahr Pflanzen von Mehltau befallen waren, werden bei trockenem Wetter schon ab März die Erde oder die Pflanzen (Beerensträucher, Erdbeeren, Rosen usw.) alle 4 Wochen immer wieder besprüht. Bei feuchtwarmem Wetter kann man weitersprühen – bei Beeren bis kurz vor der Ernte, bei Rosen bis kurz vor der Blüte. Schachtelhalm ist am wirksamsten, wenn man ihn im August erntet. Man kann ihn gut trocknen und bis zum Frühjahr aufbewahren. Für Tee werden frische oder getrocknete, kleingeschnittene Schachtelhalmpflanzen mit kochendem Wasser überbrüht, für Brühe, die etwas wirksamer ist, weicht man die Pflanzenteile 24 Stunden ein und kocht sie dann in diesem Wasser 30 Minuten. Tee und Brühe werden im Verhältnis 1:5 mit Wasser verdünnt ausgebracht.

Brennesseln: Ein Kaltwasserauszug wirkt gegen grüne und schwarze Blattläuse, man muß allerdings mehrmals gründlich (auch an den Blattunterseiten) spritzen. Die Brennesseln werden grob zerschnitten, 24 Stunden in kaltem Wasser in den Schatten gestellt und dann unverdünnt verwendet. Vorsicht: Nicht bei vollem Sonnenschein anwenden, sonst werden die Blätter so stark geschädigt, daß die Pflanze eingeht.

Wurmfarn: Brühe aus Wurmfarn (oder auch Adlerfarn) wirkt sehr giftig auf Blut-, Schild- und Schmierläuse, aber auch auf alle anderen saugenden und fressenden Insekten. Auf den Boden gespritzt, wehrt die Brühe sogar Schnecken ab. Die Brühe ist nicht lange wirksam, man sollte sie so schnell wie möglich verwenden – aber nicht am Abend ausbringen, damit die nützlichen Laufkäfer nicht getötet werden. Farnkrautbrühe wird als Kaltwasserauszug 24 Stunden lang angesetzt, kann aber auch kurz gekocht werden.

Schwarzer Holunder: Die sehr stark riechende Brühe wirkt gegen Raupen und – in die Mauslöcher gegossen – auch gegen Wühlmäuse, wenn man das regelmäßig zweimal in der Woche macht, bis die Wühlmäuse ausgewandert sind. Die frischen Blätter werden 3 Tage in Wasser angesetzt und unverdünnt ausgespritzt (Vorsicht, nicht auf Pflanzen, die man kurze Zeit darauf verzehren möchte).

Zwiebel- und Knoblauchtee: Wirkt vorbeugend gegen viele Pilzkrankheiten. Er wird wie Ackerschachtelhalm angewendet, auf Boden und Pflanzen gegossen, und zwar unverdünnt. Für den Tee werden Knoblauchzehen zerdrückt, Zwiebeln kleingeschnitten, eingeweicht und dann gekocht.

Rainfarn: Diese Pflanze enthält ein Nervengift, das viele saugende und fressende Insekten vergiftet. Auch gegen Rost und Mehl-

Schneckenabwehr

In einem Garten mit Mischkultur finden – leider – Schnecken reichlich Nahrung und Unterschlupf. Mit chemischen Mitteln gegen sie vorzugehen heißt, ihnen einen langsamen und schmerzhaften Tod bereiten sowie Igel und Vögel mit dem Gift zu gefährden. Mit Gerstenspreu (aus der Mühle) kann man gefährdete Jungpflanzen umstreuen, das hält die Schnecken ab. Sägespäne und Holzasche sind ebenfalls wirksam, beeinträchtigen aber auf Dauer den Zustand des Bodens. Ein Schneckenzaun rund um die Beete mit gefährdeten Kulturen ist wohl die wirksamste Methode, die für Pflanzen und Nützlinge ohne Folgen bleibt.

Pflanzenschutz durch Pflanzen: Brennesselbrühe wehrt Läuse ab, Rainfarn schützt vor vielen Schädlingen, Schachtelhalm und Zwiebeln vor Pilzkrankheiten und Tomatenblätterbrühe irritiert den Kohlweißling.

tau ist ein Kaltwasserauszug aus Rainfarn wirksam. Dafür wird blühender Rainfarn 3 Tage in kaltem Wasser angesetzt, dann im Verhältnis 1:3 mit Wasser verdünnt und gegen Schädlinge, unverdünnt als Vorbeugung gegen Rost und Mehltau, eingesetzt.

Rhabarber: Mit Rhabarberbrühe bekämpft man alle Arten von Läusen und auch die Lauchmotte. Die Brühe riecht allerdings sehr unangenehm. Rhabarberblätter werden 3 Tage in Wasser gelegt, durchgesiebt, dann spritzt man die Brühe unverdünnt aus.

Tomatenblätter: Ein Kaltwasserauszug aus ausgegeizten Tomatentrieben wirkt ebenso irritierend auf Kohlweißlinge wie Tomatenpflanzen. Der Auszug (2 Tage stehen lassen) wird während der Flugzeit der Kohlweißlinge alle 2 Tage auf oder zwischen die Kohlpflanzen gespritzt.

Wermut: Er enthält stark toxische Stoffe gegen Blattläuse, Raupen, Milben und Ameisen. Ein Kaltwasserauszug wird beim ersten Befall unverdünnt an die Pflanzen gespritzt, aber nicht mehr kurz vor der Ernte.

Ein Tip zum Schluß: Die Pflanzenreste, die bei der Herstellung von Brühen, Tees und Kaltwasserauszügen übrig bleiben, kann man als Mulch unter die mit den Brühen behandelten Pflanzen legen.

Pflanzen helfen Pflanzen

Gelungene Pflanzennachbarschaften sind ein bewährtes Rezept, Schädlinge und Krankheiten abzuwehren. Auf den folgenden Seiten finden Sie zwölf Beispiele für besonders wirksame Kombinationen im Zier- und Nutzgarten.

Rosen und Lavendel. Zum großen Kummer aller Hobbygärtner werden gerade die schönen Rosen immer wieder stark von Blattläusen befallen und entsprechend geschädigt. Aber es gibt eine ebenso preiswerte wie wirksame und obendrein noch attraktive Lösung für dieses Problem: Pflanzen Sie einfach Lavendel zwischen Ihre Rosen. Der starke Lavendelduft schützt die Rosen vor Blattläusen.

Phlox und Ringelblume. Wenn der Phlox stark von Nematoden befallen ist, zeigt sich das an glasigen und später braunen Flecken auf den Blättern. Schließlich kommt es auch zu Laubabwurf. Wer jedoch zwischen den Phlox Ringelblumen sät, hat den richtigen Nachbarn gewählt. Denn die Wurzelausscheidungen der Ringelblumen bekommen den auch Bodenälchen genannten Nematoden nicht gut.

Kohl und Salbei. Stark riechende Kräuter, wie Salbei und Rosmarin, Thymian und Majoran irritieren den Kohlweißling. Der Schmetterling kann die Wirtspflanze Kohl nicht finden und seine Eier daran ablegen. Auch die Kohlfliege wird durch duftende Kräuter in der unmittelbaren Nachbarschaft der Kohlpflanzen abgewehrt.

Kirschbaum und Kapuzinerkresse. Kirschbäume - und auch viele andere Obstarten - werden häufig stark von schwarzen Läusen befallen. Besonders gefährdet sind Niederstämmchen. Mit einem Trick kann der Plage abgeholfen werden: Auf die Baumscheibe wird Kapuzinerkresse gepflanzt. Sie lockt die schwarzen Läuse an, sie befallen die Obstbäume nicht oder nur in geringem Umfang.

Erdbeeren und Lauch. Erdbeeren sind empfänglich für Pilzinfektionen, so zum Beispiel für Grauschimmel. Aber man kann solchen Erkrankungen vorbeugen, indem man zwischen die Erdbeeren jeweils eine Reihe Lauch setzt. Vorbeugend wirkt auch die Zwischenpflanzung mit Steckzwiebeln, Schalotten oder Knoblauch. Auf den Geschmack der Erdbeeren wirkt sich das positiv aus.

Schwarzwurzel und Kohlrabi. Kohlrabi und Schwarzwurzeln sind eine typische Mischkultur, die Platz spart. Während die Kohlrabi heranwachsen und oberirdisch Platz brauchen, gehen die Schwarzwurzeln in die Tiefe und nehmen mit ihrem noch schmalen Blättern den Kohlrabi nicht die Sonne weg. Sind die Kohlrabi geerntet, beginnt das Wachstum der Schwarzwurzeln.

Bohnen und Tomaten. Gerade im Gemüsegarten kommt es darauf an, die richtigen Pflanzen miteinander so zu kombinieren, daß sie sich gutnachbarlich vertragen. Ein ideales Gespann sind zum Beispiel Bohnen und Tomaten. Das ist ein Ergebnis jahrzehntelanger gärtnerischer Erfahrung. Da Bohnen Schwachzehrer, Tomaten aber Starkzehrer sind, wird man beide Arten nicht auf einem Beet anbauen.

Kohl und Erbsen. Kohlgewächse harmonieren gut mit Erbsen, vertragen sich aber auch hervorragend mit Bohnen, Gurken, Kopfsalat, Lauch, Radieschen, Rettich, Sellerie, Spinat oder Tomaten. Ungünstig ist dagegen die Nachbarschaft von Kohl mit Kartoffeln, Knoblauch oder Zwiebeln. Und wer immer wieder nur Kohl auf dasselbe Beet pflanzt, fordert Krankheiten wie Kohlhernie geradezu heraus.

Kopfsalat und Rettich. Diese beiden Gemüse gedeihen ausgesprochen gut nebeneinander. Der Salat würde sich aber auch mit Nachbarn wie Dill, Erbsen, Kohlrabi, Lauch, Radieschen, Zwiebeln oder Tomaten prächtig entwikkeln. Auch Buschbohnen und das dazu gehörende Bohnenkraut vertragen sich mit dem Salat. Dagegen ist der gemeinsame Anbau von Kopfsalat mit Sellerie oder Petersilie ungünstig

Möhren und Zwiebeln. Möhren und Zwiebeln, zusammen angebaut, halten sich gegenseitig Möhren- und Zwiebelfliegen fern. Doch Möhren mögen ebenso Dill, Erbsen, Knoblauch, Lauch, Radieschen, Rettich, Mangold, Salat oder Tomaten als Beetnachbarn. Wenn der Hobbygärtner solche Ratschläge beachtet, wird er sich über gesundes Gemüse freuen können.

Gurken und Rote Bete. Auch diese beiden Gemüse ergänzen sich als Partner besonders gut. Aber Sie können auch Gurken mit Buschbohnen, Dill, Knoblauch, mit verschiedenen Kohlgewächsen, Sellerie, Kopfsalat oder Zwiebeln anbauen. Als ungünstig hat sich dagegen der gemeinsame Anbau von Gurken mit Rettich, Radieschen oder Tomaten erwiesen.

Spinat und Sellerie. Eine gesunde Nachbarschaft entsteht durch die Zusammenpflanzung von Spinat und Sellerie. Nicht zuletzt auch deshalb, weil der starkduftende Sellerie allerlei Schädlinge von dem gemeinsamen Beet fernhält. Sowohl der Sellerie als auch der Spinat vertragen sich jedoch ebenso mit verschiedenen Kohlgewächsen, Kohlrabi, Stangenbohnen und Tomaten.

Mischkultur im Gemüsegarten

Auf Bildern von alten Bauerngärten bezaubert die Vielfalt von Gemüse, Blumen und Kräutern. Die praktisch denkenden Bäuerinnen hatten, wenn sie Fingerhut und Rote Bete, Zwiebeln und Majoran, Möhren und Ringelblumen zusammen auf ein Beet setzten, nicht etwa die Schönheit des Gartens im Sinn, sie wollten ganz einfach gesundes Gemüse heranziehen und dazu ein paar Heilpflanzen, die man in der Hausapotheke brauchte. Mischkultur im besten Sinne also.

Der Bauerngarten ist das Vorbild für die Mischkultur. Hier gedeihen Blumen, Kräuter und Gemüse zusammen auf den Beeten.

In Gesellschaft gedeiht alles besser

Im Gemüsegarten ist die Mischkultur besonders wichtig, weil sie den intensiv genutzten Boden gesund und nährstoffreich erhält und durch Mischkultur besonders gesundes, schmackhaftes Gemüse herangezogen werden kann. Über Generationen wurde ausprobiert, welche Gemüsearten gute, welche schlechte Nachbarn sind.

Mischkultur im Gemüsegarten heißt nicht nur, daß auf den Beeten unterschiedliche Arten zusammenstehen, die sich gegenseitig günstig beeinflussen – Mischkultur bedeutet auch, daß die Beete viel intensiver genutzt werden. Neben der Hauptkultur werden in der Regel auch Vor- und Nachkulturen angebaut, das heißt, daß vom zeitigen Frühjahr bis zum Winter ständig etwas auf den Beeten wächst und geerntet werden kann. Man nennt das Kulturfolge – im Gegensatz zur jährlich wechselnden Fruchtfolge.

Die Vorkultur

Die ersten Gemüse und Salate, die man im zeitigen Frühjahr auf die Beete sät oder pflanzt, bezeichnet man als Vorkultur. In der Regel sind das Gemüsearten mit relativ kurzer Kulturzeit, das heißt von der Aussaat bis zur Ernte dauert es nicht lange. Auch ist ihr Nährstoffbedarf relativ gering, so daß die nachfolgenden Hauptkulturen nicht Mangel leiden müssen. Nicht immer erlauben die klimatischen Bedingungen eine Vorkultur – in warmen Weinbaugegenden kann man früher beginnen, den Garten zu bestellen, als im rauhen Klima der Mittel- und Hochgebirge mit ihren strengen Spätfrösten. Der Gärtner muß hier aus Erfahrung wissen, was möglich ist und was nicht. Eventuell können die ersten Radieschen, Salate, Kohlrabi usw. auch durch Folien oder Vliese geschützt werden. Schwachen Frost sollten aber alle Vorkulturen vertragen, denn auch in klimatisch günstigen Gegenden kann es überraschend noch einmal Nachtfröste geben.

Als Vorkultur eignen sich Spinat, den man schon recht früh aussäen kann, Erbsen, die nicht sehr frostempfindlich sind und schnell heranwachsen, frühe Möhren, die man sogar schon im Herbst aussät, Puffbohnen (Dicke Bohnen), die ebenfalls sehr früh gesät werden, Kohlrabi, den man im Kleingewächshaus heranzieht oder als Setzling beim Gärtner kauft und dann ins Freiland setzt, Kopfsalat, der allerdings frostempfindlich ist und in kalten Nächten mit Vlies oder mitwachsender Folie geschützt werden muß, Schnitt- und Pflücksalat, Rettich und Radieschen, die schnell keimen und bald geerntet werden können.

Vorkulturen baut man auf Beeten an, auf denen als Hauptkultur Mittel- oder Schwachzehrer wachsen werden. Natürlich ist die Vorkultur noch nicht vollständig geerntet, wenn Mitte Mai die Hauptkultur aufs Beet kommt. Deshalb sollten die Reihen der

Vorkulturen von vornherein so angelegt werden, daß die Pflanzen der Hauptkultur mühelos dazwischengesetzt oder -gesät werden können. Beispiel: Wenn frühe Erbsen in zu dichten Reihen stehen, können die Möhren, die als Hauptkultur folgen, schlecht aufwachsen, solange die Erbsen nicht geerntet und das Erbsenstroh vom Beet genommen ist. Eine gute Planung verhindert solche Fehler.

Gute Nachbarn bringen reiche Ernten

Die Vorkultur sollte auch nicht mehr zu lange auf dem Beet bleiben, wenn die Hauptkultur angepflanzt ist, denn diese braucht zum Heranwachsen Nährstoffe, Wasser und spätestens ab der dritten Woche nach dem Pflanzen auch viel Licht. Diese wichtigen Lebensvoraussetzungen darf die Vorkultur der Hauptkultur nicht wegnehmen.

Einige Pflanzen kann man nacheinander als Vor- und Hauptkultur anbauen, zum Beispiel Erbsen und Bohnen. Ist das Beet abgeerntet, kann man durchaus noch einmal auf dasselbe Beet Erbsen oder Bohnen (aber nicht Erbsen nach Bohnen oder umgekehrt, das geht schief) säen, das bringt, wenn der Sommer nicht gerade extrem kühl ist, nochmals eine normale Ernte.

Auf den Quartieren, auf denen die Starkzehrer angebaut werden, ist eine Vorkultur kaum möglich, die Beete sind mit nährstoffreichem Dünger oder reichlichen Kompostgaben versehen, beides bekommt den meist schwachzehrenden Vorkulturen nicht. Damit die Beete aber nicht bis zum Mai leerstehen, kann man sie mit einer Gründüngung einsäen, die man vor dem Auspflanzen abmäht oder herausreißt und auf dem Beet als Mulch liegen läßt.

Senf wächst schnell heran, ist nicht sehr frostempfindlich und lockert mit seinen Wurzeln den Boden. Er sollte aber nicht vor Kohl ausgesät werden, weil er wie dieser zur Familie der Kreuzblütler gehört.

Bienenfreund (*Phaecelia*) kommt zwar nicht zur Blüte, wenn er als Vorsaat ausgesät wird, bildet aber recht viel Blattmasse, die als Mulch dient.

Kresse keimt sehr schnell und bedeckt innerhalb weniger Tage die Beete mit einem grünen Teppich, der durch seine scharfen Ausscheidungen auch noch aufkeimendes Unkraut zuverlässig unterdrückt. Außerdem paß sie im Frühjahr gut zu Salaten.

Ackerbohnen sind ebenfalls eine geeignete Vorsaat vor Starkzehrern, in den meisten Gegenden werden sie allerdings bis zur Pflanzung der Hauptkultur nicht mehr zur Blüte kommen – und dann bilden sich auch keine Stickstoffdepots an den Wurzeln. Doch als Mulch und Bodenlockerer ist die Ackerbohne gut geeignet.

Hauptkultur

Hauptkultur nennt man die Gemüse, für die man in der Fruchtfolge das Quartier sorgfältig vorbereitet hat – mit mehr oder mit weniger Nährstoffen. Die Hauptkultur hat in der Regel die längste Vegetationszeit – sie braucht von der Saat oder Pflanzung bis zur Ernte am längsten. Ihr haben sich die anderen Pflanzen in der Kulturfolge unterzuordnen.

Vegetationszeiten

Bei Mischkultur ist es wichtig zu wissen, wie lange eine Gemüseart von der Aussaat bis zur Ernte auf dem Beet steht.

Von der Saat bis zur Ernte	
Buschbohnen	75 – 100 Tage
Chicoree bis zum Treiben	100 – 120 Tage
Feldsalat	70 – 100 Tage
Feuerbohnen	90 – 100 Tage
Kartoffel früh	100 Tage
Kartoffel spät	120 – 150 Tage
Knoblauch	10 – 12 Monate
Knollenfenchel	120 – 150 Tage
Mairübe	40 – 60 Tage
Maizwiebeln	80 – 90 Tage
Mangold	70 – 80 Tage
Markerbsen	60 – 80 Tage
Möhren, frühe	100 – 120 Tage
Möhren, lagerfähige	120 – 160 Tage
Palerbsen	60 – 80 Tage
Pastinake	8 – 12 Monate
Pflücksalat/Schnittsalat	55 – 60 Tage
Portulak	50 – 70 Tage
Puffbohnen (Dicke Bohnen)	90 – 100 Tage
Radicchio	110 – 120 Tage
Radieschen	40 – 60 Tage
Rettich, schwarz	120 – 130 Tage
Rettich, weiß	45 – 60 Tage
Rote Bete	90 – 120 Tage
Schwarzwurzeln	200 – 230 Tage
Spinat	30 – 40 Tage
Stangenbohnen	80 – 100 Tage
Zuckererbsen	50 – 60 Tage
Zuckermais	120 – 140 Tage
Zwiebeln, Gemüse-	120 – 140 Tage
Zwiebeln, rot	110 – 130 Tage
Zwiebeln, weiß	100 – 120 Tage

Von der Pflanzung bis zur Ernte	
Auberginen	50 – 60 Tage
Blumenkohl	70 – 90 Tage
Brokkoli, grün	60 – 70 Tage
Brokkoli, violett	80 – 100 Tage
Chinakohl	50 – 60 Tage
Eissalat	60 – 80 Tage
Endivien	50 – 70 Tage
Grünkohl	110 – 130 Tage
Gurken	50 – 70 Tage
Knollenfenchel	70 – 80 Tage
Kohlrabi	50 – 60 Tage
Kohlrabi 'Superschmelz'	150 – 180 Tage
Kopfsalat, früh	50 – 60 Tage
Kopfsalat, rot	50 – 70 Tage
Kraussalate (Lollo)	50 – 60 Tage
Lauch, Winter-	160 – 180 Tage
Lauch, früh	100 – 120 Tage
Neuseeländer Spinat	50 – 60 Tage
Pak Choi	50 – 60 Tage
Paprika	50 – 70 Tage
Peperoni	60 – 80 Tage
Rosenkohl	120 – 140 Tage
Rotkohl	90 – 100 Tage
Sellerie, Knollen-	120 – 140 Tage
Sellerie, Stauden-	80 – 90 Tage
Tomaten (Freiland)	70 – 80 Tage
Tomaten (Glashaus)	50 – 60 Tage
Weißkohl, früh	55 – 65 Tage
Weißkohl, spät	120 – 130 Tage
Weißkohl, spitz	150 – 170 Tage
Wirsing, früh	70 – 80 Tage
Wirsing, spät	130 – 140 Tage
Zucchini	40 – 50 Tage
Zuckerhut	100 – 120 Tage

Zu den Hauptkulturen gehören Weißkohl, Rotkohl, Wirsing, Blumenkohl, Brokkoli, Knollensellerie, Lauch, späte Möhren, Schwarzwurzeln, Zwiebeln, Bohnen, Mangold, Chicorée, Tomaten, Gurken, Paprika, Auberginen und Tomaten. All diese Gemüse werden im Mai ausgepflanzt oder ausgesät und erst im Spätsommer oder Herbst geerntet. Und natürlich wird man alle, bis auf die standortreuen Tomaten, in Mischkultur miteinander oder zumindest nebeneinander anbauen. Aber immer achtet man darauf, daß jedes Gemüse die Nährstoffe bekommt, die es braucht, daß jede Pflanze soviel Platz hat, wie sie zur optimalen Entwicklung benötigt.

Nachkulturen

Einige Gemüse der Hauptkultur werden schon recht früh geerntet, zum Beispiel Zwiebeln, Buschbohnen, frühe Kartoffeln – das hängt aber auch vom Klima ab. Statt die Beete nun ungenutzt liegen zu lassen, kann man Nachkulturen anbauen. Das sind Gemüsearten, die ohne weiteres noch von Juli bis Anfang September gepflanzt und gesät werden können. Man erntet sie im Herbst oder den ganzen Winter hindurch.

Grünkohl und Rosenkohl brauchen nicht soviele Nährstoffe wie die sommerlichen Kohlarten. Man pflanzt sie mit einer sparsamen Gabe von organischem Dünger nach Kartoffeln oder Buschbohnen, aber auch nach frühem Kohl, denn dann braucht der Boden keine Zusatzdüngung mehr.

Chinakohl wächst noch bis im Oktober zu schönen Zapfen heran, auch er braucht nicht viel Nachdüngung, nach Bohnen oder Erbsen gar keine, weil diese Pflanzen eine ausreichende Menge an Stickstoff im Boden deponiert haben.

Endivien können ab Anfang Juli überall dort gepflanzt werden, wo Lücken auf den Beeten entstehen, ebenso Radicchio.

Knollenfenchel ist ebenfalls eine gute Nachkultur überall dort, wo es Lücken gibt – nur nicht nach Buschbohnen.

Feldsalat (Rapunzel) ist eine ideale Nachsaat nach allen Kulturen. Frühe Saaten ab Mitte Juli werden noch im selben Herbst geerntet, späte Aussaaten im folgenden Frühjahr. Winterschutz ist nicht notwendig.

Maizwiebeln steckt man im Oktober auf leere Beete, aber auch zwischen die Erdbeeren, ab April des nächsten Jahres kann man sie ernten.

Bei Nachkulturen sollte man immer darauf achten, daß sie nicht hungern müssen. Wo starkzehrende Gemüse standen, muß etwas nachgedüngt werden – in Maßen und nach den Bedürfnissen der Nachkultur.

Wenn Gemüsepflanzen keine Chance mehr haben, in Nachkultur erntereif zu werden, sollte man als Nachkultur Gründüngung einsäen. Diese friert entweder im Winter ab und bleibt auf dem Beet liegen oder – das ist vor allem in rauhen Lagen günstig – sie ist winterhart und wird erst im Frühjahr aus dem Boden gezogen.

Zwischenkulturen

Wenn die Vorkultur geerntet ist und die Pflanzen der Hauptkultur noch klein sind, können außerdem Zwischenkulturen ausgesät werden – vorausgesetzt, die Abstände zwischen den Hauptkulturpflanzen sind groß genug. Diese Zwischensaaten dienen der

Beschattung des Bodens und fördern dadurch die Hauptkulturen, ohne ihnen Nährstoffe wegzunehmen. Wie bei den Vorkulturen sind Zwischensaaten auf Starkzehrerbeeten problematisch, denn sie sammeln auf den stark gedüngten Beeten zuviel Nitrat. Dabei wäre gerade auf diesen Beeten Platz für sie, weil die meisten Starkzehrer recht lange brauchen, bis sie ihre volle Größe erreicht haben.

Zwischensaaten sind alle Arten, die schnell heranwachsen und bald geerntet werden können: Radieschen und Rettich (sie müssen aber im Sommer regelmäßig gegossen werden, sonst werden sie pelzig und viel zu scharf.

Schnitt- und Pflücksalat, schoßfester Kopfsalat, spezielle Sommersorten, am besten rote Sorten, die bei Hitze nicht so schnell schießen; Spinat, der allerdings während der Sommermonate mit ihren langen Tagen sehr schnell in Blüte geht – denn Spinat ist eine Langtagpflanze. Zwischenkulturen sind im Grunde genommen Lückenfüller – man sät oder pflanzt, wo gerade Platz frei geworden ist. Deshalb kann man auch nicht sagen: Dieses oder jenes Gemüse ist eine typische Zwischenfrucht.

Vor- und Zwischenkulturen: Noch kann man Salat und die letzten Maizwiebeln vom Beet ernten. Der Kohl wächst schon heran, braucht jedoch noch nicht viel Platz.

Machen Sie einen Anbauplan

Und schon wieder taucht die Frage auf: Wie kriegt man das bloß alles auf die Reihe? Es scheint ja unendlich kompliziert zu sein – erst mal muß man sich merken, welche Pflanzen gute und schlechte Nachbarn sind, dann auch noch, was vor und was nach und womöglich auch noch zwischen der Hauptgemüsekultur angebaut wird. Zugegeben, das hat man erst richtig im Griff, wenn man Mischkultur ein paar Jahre betrieben hat.

Für alle anderen gilt: Machen Sie einen Gartenplan! Im Winter, gibt es im Garten nichts zu tun, man kann nur auf das Frühjahr warten. Diese Zeit sollten Sie nutzen. Zeichnen Sie auf einem Blatt Papier ihren Gemüsegarten auf – mit den entsprechenden Beeteinteilungen. Nun überlegen Sie: Was möchte ich im nächsten Jahr anpflanzen, wieviel brauche ich von jedem Gemüse, von welchem Salat. Machen Sie eine Liste.

Nun teilen Sie den Garten in Quartiere ein – Starkzehrer, Mittelzehrer, eventuell Schwachzehrer und Dauerkulturen. Sie sind die Basis für ihren Mischkulturplan.

Notieren Sie nun auf den Beeten die Hauptkulturen (was zusammenpaßt, finden Sie in der Tabelle »Vegetationszeiten« auf Seite 58). Berücksichtigen Sie dabei, daß die Pflanzen ihren Platz brauchen! Und nun können Vor- und Nachkulturen geplant werden. Auch hier sind die Vegetationszeit und das Nährtoffangebot wichtig.

Die Zwischensaaten spielen in diesem Plan kein Rolle, sie können während des Sommers spontan an Stellen, wo gerade Platz frei wird, ausgebracht werden. Mit diesem Gartenplan ist die Mischkultur dann keine Hexerei mehr. Viele Gartenfreunde tun noch ein übriges: Sie führen ein Gartentagebuch. Das ist gar nicht so abwegig, wie es klingt, und gerade bei Mischkultur außerordentlich hilfreich. Was nämlich in der Theorie funktioniert, kann in der Praxis aus vielen Gründen nicht klappen: Witterung, Bodenbeschaffenheit, Schädlingsbefall – viele Dinge spielen ja in einem so lebendigen Gebilde, wie es der Garten ist, eine Rolle. Und da hilft es, wenn man die Erfahrungen jedes langen Gartensommers aufschreibt. Denn die Erinnerung kann trügen. Jahr für Jahr trägt man so Erfahrungen zusammen, von denen man im nächsten Gartenjahr profitiert.

Nicht zuviel anbauen

Mischkultur ist eine Methode, gutes, gesundes Gemüse zu ernten. Sie ist keine Methode, das Doppelte zu ernten. Denn es gibt ein Naturgesetz: Auf einem Stück Boden von bestimmter Größe wächst zu gleicher Zeit nur eine bestimmte Menge Pflanzenmasse heran – wieviel, hängt von Boden, Klima, Wasser und Witterung ab. Mit anderen Worten: Auf einem Beet wachsen entweder viele kleine Pflanzen oder weniger große Pflanzen heran. Wer die Hauptkulturen zu eng setzt, erntet nur kleine Pflanzen, wenn Vor- und Nachkulturen zu spät oder zu früh gepflanzt werden, entwickeln sie sich nur langsam. Erste Regel bei der Mischkultur ist deshalb: Immer so große Abstände zwischen den Pflanzen einhalten, daß sie sich im ausgewachsenen Zustand gerade berühren. Und was für die oberirdischen Teile richtig ist, gilt auch für die Wurzeln.

Bei der Planung spielt natürlich auch eine Rolle, ob man auf Flachbeeten gärtnert, auf Hochbeeten, Hügelbeeten, Kraterbeeten oder im Kleingewächshaus.

Mischkultur auf Flachbeeten

In einem normalen Garten sind die Beete 1,20 m breit – das ist gerade so viel, daß man von beiden Seiten gut darauf arbeiten (pflanzen, jäten, hacken usw.) kann. Wie lang ein Beet ist, hängt von der Größe und Form des Gartens ab. Günstig sind sehr lange Beete, weil es dann wenig Platzverlust durch Wege dazwischen gibt.

Manche Gemüsegärtner legen ihre Mischkulturen ganz ohne Wege zwischen den Beeten an; dann werden (z.B. nach der Methode von Gertrud Franck) Reihen von Spinat oder Klee gesät, die man als Trittpfade benutzt. Auf jeden Fall müssen schmale Wege zwischen den Beeten sein, weil man nach Möglichkeit den oft mühsam gelockerten Boden, auf dem die Pflanzen wachsen, nicht betreten sollte, denn er verdichtet sich sofort vor allem bei nassem Wetter.

Mischkultur wird auf Flachbeeten am besten in Längsreihen angebaut. Das hat den Vorteil, daß man immer den Überblick hat und gut zwischen den Reihen hacken kann, ohne daß Wurzeln verletzt werden. Auch Mulch läßt sich zwischen Längsreihen leichter ausbringen.

Auf einem Beet von 1,20 m Breite sollen als Hauptkultur von großwerdenden Gemüsen (Kopfkohl, Brokkoli, Blumenkohl, Buschbohnen) nur drei Reihen, von nicht so ausladenden Gemüsen (Lauch, Rote Bete, Möhren, Salat, Zwiebeln) vier Reihen angebaut werden. So haben Vor- und Nachkulturen ausreichend Platz, bevor die Hauptkultur zur vollen Größe heranwächst. Aber auch den Hauptkulturen ist genügend Raum geboten – über und unter der Erde. Wenn es in der Mischkultur zu Mißerfolgen kommt, die Pflanzen kümmerlich, die Ernten klein bleiben, dann hängt das fast immer damit zusammen, daß die Pflanzabstände nicht groß genug sind.

Die Größe muß passen

Viele Gemüsearten, die sich gegenseitig schützen und fördern, passen auch vom Platzbedarf her bestens zusammen. Beispiele: Lauch und Sellerie, Kohl und Salat, Möhren und Zwiebeln, Rote Bete und Buschbohnen, Zwiebeln und Erdbeeren. Diese und alle anderen Gemüse, die sich im Wurzelbereich und über der Erde nicht im Wege sind, kann man ohne weiteres in Reihenkulturen auf einem Beet zusammensetzen.

Wieder andere Gemüsearten, die ebenfalls gut zusammenpassen würden, sind Nahrungs- und Platzkonkurrenten. Beispiele: Buschbohnen und Kopfsalat, Gurken und Sellerie, Kartoffeln und Kohl, Kohl und Sellerie. Setzt man sie zusammen auf ein Beet (mit normalen Pflanzabständen), bleiben beide klein. Würde man sie in Reihen setzen, die ihrem Platzbedarf entsprechen, bräuchte man viel zu viel Platz. Die große Frage ist: Wie kann man die günstige Wirkung der Pflanzen aufeinander ausnützen, ohne Einbußen bei der Ernte zu haben?

Es gibt ein paar Tricks. Einer davon: Man pflanzt von der schützenden Pflanze nur eine oder zwei auf das Beet. Beispiel: Sellerie irritiert durch den Duft seiner Blätter den Kohlweißling, der dann seine Eier nicht an den Kohlpflanzen ablegt. Sellerie und Kohlköpfe aber entwickeln sowohl breites Wurzelwerk wie auch große Blattmasse. Sellerie zieht auf dem Kohlbeet meist den kürzeren, die Knollen bleiben klein. Also pflanzt man zwischen den Kohl nur einige wenige Selleriepflanzen, von denen keine Knollen erwartet werden. Die Blätter verwendet man den ganzen Sommer über als Würze. So ist der Kohl geschützt. Sellerie, von dem man Knollen ernten möchte, setzt man dafür in Mischkultur mit Lauch zusammen – hier hat die Pflanze Platz genug und kann dicke Knollen bilden, den Lauch braucht wenig Platz.

Noch ein Beispiel: Auch Tomatenpflanzen wehren durch den Geruch ihrer Blätter Schädlinge ab. Blattsalat daneben wird kaum von Raupen befallen; Buschbohnen, Rote Bete, Lauch – viele Pflanzen profitieren von der Nachbarschaft. Doch zwischen den schnell heranwachsenden Tomatenpflanzen haben andere Gemüse keine Chance, sie bekämen zu wenig Nahrung, zu wenig Wasser, vor allem zu wenig Licht. Doch auch auf dem Nachbarbeet kommt den Mischkulturpflanzen die Abwehrkraft der Tomaten zu Hilfe.

Jede Pflanze hat genügend Platz: die Möhren in der Erde, Kohlrabi und Zwiebeln oberirdisch, der Salat braucht wenig Wurzelraum, dafür umso mehr Platz über der Erde. Bei jeder Mischkultur sollte man die Platzansprüche der Pflanzen berücksichtigen.

Ein weiteres Beispiel: Knoblauch verhindert zwischen Tomaten, Erdbeeren und Kartoffeln durch seine antibakteriell wirkenden Ausscheidungen Braunfäule, außerdem schwören viele Gärtner darauf, daß Kartoffeln in Mischkultur mit Knoblauch besser schmecken. Aber: Knoblauch braucht, um schöne, dicke Knollen zu entwickeln, sehr viel Wärme und Sonnenschein. Die bekommt er unter dem dichten Blätterdach der Kartoffeln oder Erdbeeren nicht. Also gibt es nur Mini-Knoblauch. Was tun? Man setzt zwar Knoblauch zwischen Kartoffeln, Erdbeeren und Tomaten – erwartet aber keinen großen Ertrag. Für die Ernte wird Knoblauch auf einem eigenen, vollsonnigen Beet angebaut.

Die Liste dieser Beispiele ließe sich beliebig fortsetzen. Jeder Gartenbesitzer muß selbst ausprobieren, was auf seinem Boden und an dem Platz wächst, den er den Pflanzen in der Mischkultur anbieten kann.

Platzbedarf

Als Faustregel für den Platzbedarf gilt: Pflanzen mit großem Bedarf an Wurzelraum mit solchen zusammensetzen, die nur wenig Raum unter der Erde brauchen. Immer Pflanzen mit breitem Blattwerk neben Pflanzen setzen, die oberirdisch nur wenig Platz brauchen.

Den Nährstoffbedarf im Auge haben

Viele Gemüsearten, die sich gegenseitig schützen und fördern, haben unterschiedliche Nährstoffansprüche. Wer in einem großen Gemüsegarten verschwenderisch mit Platz umgehen kann, baut natürlich nur Mischkulturen mit gleichem Nährstoffbedarf an. Im kleinen Garten muß man sich etwas anderes einfallen lassen.

Beispiel: Salat verträgt sich gut mit Kohl, Gurken und Tomaten. Doch auf den Starkzehrerbeeten reichert er sich zu stark mit Nitrat an und ist dann für empfindliche Menschen kaum noch bekömmlich. Wenn also der Salat (oder ein anderer Mittel- oder Schwachzehrer) aus welchen Gründen auch immer zu den Starkzehrern gesetzt werden muß, dann immer an den Rand des Beetes, den man (Gartenplan!) von vornherein nicht oder nur schwach gedüngt hat. Besser ist es allerdings, die nitratsammelnden Gemüse in Mischkultur mit Mittel- oder Schwachzehrern anzubauen.

Noch ein Beispiel: Zwiebeln vertragen sich gut mit Gurken, auch vom Platzbedarf her klappt alles, wenn man die Gurken an Spalieren oder Stöcken zieht. Aber Zwiebeln sind nicht lagerfähig, wenn sie zu stark gedüngt werden – und Gurken brauchen viel Dünger. Auch hier ist die Randbepflanzung eine Lösung. Besser allerdings pflanzt man Zwiebeln auf das Beet nebenan.

Auch der Wasserbedarf der Pflanzen ist unterschiedlich. Die einen brauchen viel, die anderen weniger Wasser – und zu verschiedenen Zeiten.

Beispiel: Zwiebeln und Möhren sind die klassische Mischkultur, sie schützen sich gegenseitig vor Zwiebel- und Möhrenfliege. Oft enttäuscht aber die Ernte, wenn abwechselnd eine Reihe Zwiebeln, eine Reihe Möhren angebaut werden. Der Grund: Zwiebeln brauchen während ihrer Wachstumszeit relativ viel Wasser, damit sie dicke Knollen bilden. Später wollen sie lieber trocken stehen. Möhren hingegen brauchen, wenn die Saat aufgegangen ist und die Möhren noch klein sind, einen luftig-trockenen Standort; sobald sie länger werden, ihrer Reife entgegengehen, verlangen sie mehr Wasser. Setzt man die Zwiebeln in die Mitte des Beetes, die Möhren an den Rand, kann man gezielt gießen und die Ernte wird sicher befriedigend.

Was ist mit den Kräutern?

Küchenkräuter spielen in der Mischkultur eine wichtige Rolle, sie wehren durch ihre Düfte Schädlinge ab, wirken heilend und fördernd auf fast alle Gemüsepflanzen. Aber die meisten Kräuter brauchen kargen, oft auch trockenen Boden. Darauf muß man Rücksicht nehmen.

Viele Küchenkräuter setzt man deshalb ebenfalls an den Rand der Gemüsekulturen – es sei denn, sie haben dieselben Ansprüche wie die Gemüsepflanzen selbst (siehe »Mischkultur mit Kräutern«, Seite 89).

Beispiele: Dill fördert die Keimfähigkeit von Samen, schützt und unterstützt fast alle Starkzehrer. Er mag gutgedüngten Boden und wächst gern im Halbschatten. Deshalb kann man ihn zu allen Mischkulturen pflanzen. Dasselbe gilt auch für Borretsch, der nicht nur schädlingsabwehrend ist, sondern auch noch eine Lockpflanze für Nützlinge. Er fühlt sich auf allen Beeten wohl, nimmt manchmal im Garten geradezu überhand.

Kräuter heilen auch Pflanzen

Thymian und Salbei wehren mit ihrem Duft Schädlinge ab, aber sie können auf Gemüsebeeten nicht gedeihen, weil diese zu nährstoffreich sind. Sie – und andere Kräuter, die mageren Boden lieben – setzt man deshalb an die (ungedüngten) Ränder der Beete oder faßt ganze Quartiere damit ein.

Mischkultur auf dem Hochbeet

Für viele Gartenfreunde ist ein Hochbeet eine Erleichterung, wenn nicht sogar die einzige Möglichkeit, die geliebte Gartenar-

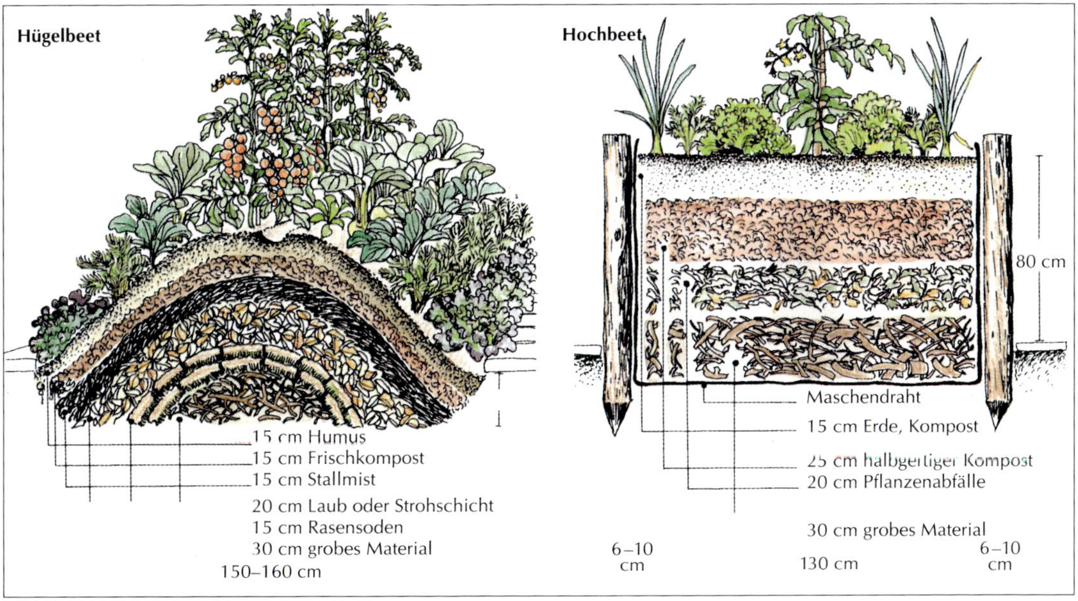

Hügelbeete und Hochbeete erlauben eine engere Bepflanzung, weil die Pflanzen mehr Wurzelraum haben. Durch die Wärme im Boden, die durch Verrottung entsteht, wird eine längere Kulturzeit ermöglicht.

beit überhaupt zu machen. Durch sitzende Lebensweise haben immer mehr Menschen mit Rückenschmerzen zu tun, können sich schlecht oder gar nicht bücken. Und für Behinderte, die auf den Rollstuhl angewiesen sind, ist das Hochbeet fast die einzige Möglichkeit, Gartenarbeit zu leisten. An Hochbeeten, die je nach Bedürfnis des Gärtners bis zu 90 cm hoch sind, kann man nämlich im Stehen oder Sitzen arbeiten, ohne den Rücken allzu sehr anzustrengen.

Auch ein Hochbeet sollte nicht breiter als 1,40 m sein, damit man bequem darauf arbeiten kann. Die Höhe richtet sich, wie gesagt, nach den Bedürfnissen des Gärtners, die Länge spielt keine Rolle. Je länger ein Hochbeet ist, desto günstiger, denn der Bau eines Hochbeetes ist – je nach Material – nicht ganz billig. Ein langes Hochbeet ist also kostengünstiger als drei kurze.

Mischkultur wird im Hochbeet genauso betrieben wie auf Flachbeeten. Lediglich in den ersten zwei Jahren ist es ein Starkzehrerbeet, weil das Material in den Hochbeeten noch verrottet und dabei viel Wärme und Nährstoffe freisetzt. Wenn der Rottevorgang abgeschlossen ist, kann man darauf alle Arten von Gemüsepflanzen anbauen. Weil die Erde im Hochbeet sich während der Rotte etwas absenkt, kann man es nach zwei Jahren sogar als Frühbeet nutzen. Die Erde liegt dann in der Regel ca. 30 cm unterhalb des Randes, die ideale Voraussetzung, Fenster oder Folien aufzulegen.

Mischkultur im Hügelbeet

Auf Hügelbeeten kommt die Mischkultur auf andere Weise zum Zuge als im Normalbeet. Auf einem Hügelbeet hat man etwa ein Drittel mehr Anbaufläche als auf einem Flachbeet derselben Größe. Im kleinen Garten gewinnt man so mehr Platz. Man kann die Reihen etwas enger pflanzen, weil die Wurzeln viel Platz haben, sich nach unten auszubreiten. Außerdem bekommen die Pflanzen durch die Neigung der Bodenflächen mehr Licht.

Im Hügelbeet wird es warm, weil die für den Aufbau verwendeten Pflanzenteile fast wie in einem Komposthaufen verrotten. Das bedeutet, daß im Frühjahr eher gepflanzt werden kann und die Kulturzeit im Herbst länger ist.

Der Nachteil: Ein Hügelbeet trocknet viel schneller aus als ein Flachbeet, weil der lockere innere Kern wie eine Drainage wirkt. Man muß ein Hügelbeet während einer längeren Trockenperiode täglich und nicht nur oberflächlich gießen.

Der Aufbau eines Hügelbeetes

Um zu verstehen, wie Mischkultur auf Hügelbeeten funktioniert, muß man erklären, wie ein Hügelbeet aufgebaut wird.

Man legt es im Herbst an; erstens, weil dann die Materialien, die man braucht – Heckenschnitt, viele Gartenabfälle – anfallen. Zweitens, weil bis zum Frühjahr schon eine gewisse Rotte eingesetzt hat.

Das Hügelbeet sollte möglichst in Nord-Süd-Richtung angelegt werden, so hat es auf seinen Anbauflächen Sonne von Osten und Westen. Die Länge richtet sich nach dem Platz, den man im Garten hat, die Breite beträgt 1,50–1,80 cm, so daß man auf den schrägen Beeten gut arbeiten kann. Frisch angelegt ist das Hügelbeet ca. 1 m hoch, es sackt mit der Zeit immer mehr zusammen, da der »Inhalt« ja kompostiert wird, bis es schließlich ein Flachbeet ist.

Und so wird das Hügelbeet gebaut: So breit und lang wie das Hügelbeet werden soll, wird eine flache Grube ausgehoben. Da hinein packt man ca. 50 cm hoch kleingehackten Obstbaum- und Heckenschnitt; abgeschnittene Stauden, Stengel von Gemüse und ähnliche grobe Pflanzenabfälle passen ebenfalls dazu. Hat man Rasensoden zur Hand, packt man sie auf diesen lockeren Kern des Hügelbeetes, wenn nicht, eignet sich als Abdeckung auch Stroh oder Laub. Damit alles gut zusammenhält, folgt nun eine ca. 10 cm dicke Erdschicht, Mutterboden oder die Erde vom Aushub der Grube (die allerdings nicht ganz reichen wird). Darauf gibt man eine 25 cm dicke Schicht aus feuchtem Laub oder feuchtem Stroh. Als nächste Schicht folgt angerotteter Kompost; ist dieser nicht verfügbar, nimmt man Gartenabfälle, die aber sehr klein gehäckselt werden müssen. Als oberste Schicht packt man schließlich ca. 30 cm Gartenerde auf das Hügelbeet. Im Frühjahr, vor dem Bepflanzen, kommt nochmals eine ca. 5 cm dicke Schicht reifer Kompost obendrauf. Auf diesem neuangelegten Hügelbeet kann schon im Herbst Gründüngung gesät werden, besser ist, es mit Stroh abzudecken und immer wieder zu gießen, damit die Rotte in Gang kommt.

Im ersten und zweiten Jahr ist das Hügelbeet, da es ja praktisch auf Kompost steht, ein reines Starkzehrerbeet. Hier sollten also keine nitratanreichernden Kulturen angebaut werden. Hervorragend wachsen darauf Tomaten (oben auf dem »Gipfel«), an den Seiten Kohl in bunter Reihe, Lauch, Sellerie, Mangold. Die untere Reihe kann ab dem zweiten Herbst schon mit Mittelzehrern besetzt werden. An den Enden finden Zucchini und Gurken Platz.

Im dritten und vierten Jahr ist das Hügelbeet dann ein Mittelzehrerquartier, und ab dem 5. Jahr können auch Schwachzehrer angebaut werden. Im allgemeinen wird man dann wieder ein neues Hügelbeet aufbauen.

Anhand dieses Beispiels wird deutlich, daß praktisch in jedem Jahr ein oder zwei Hügelbeete neu angelegt werden sollten, wenn man die ganze Palette von Salaten und Gemüsen anbauen will. Auf den beiden jüngsten ist dann immer das Starkzehrerquartier, auf den zwei- und dreijährigen das der Mittelzehrer und auf dem fünfjährigen gedeihen die Schwachzehrer.

Tiefkultur – Kraterbeete

Weniger bekannt, aber für die Mischkultur hervorragend geeignet, sind Tiefkulturbeete. Dabei handelt es sich um eine sehr alte Kulturform, die schon im letzten Jahrhundert in China und in Frankreich praktiziert wurde, vor allem in Städten, wo der Platz zum Gemüseanbau immer weniger wurde. Bei dieser Anbauform können die Beete sehr intensiv bewirtschaftet werden, man kann darauf viel mehr anbauen, als auf einem normalen Flachbeet.

So wird ein Tiefbeet angelegt: eine Furche spatentief ausheben, Erde nochmals spatentief lockern. Die Erde der nächsten Furche in die vorhergehende Furche geben. Auf einem so bearbeiteten Beet kann eng gepflanzt werden.

So baut man ein Tiefkulturbeet: Das Beet wird ca. 1,50 m breit abgesteckt, die Länge richtet sich nach dem Platz im Garten. Auf dieses Beet gibt man eine ca. 10 cm dicke Schicht Mistkompost (zur Not kann man auch frischen Mist verwenden, wenn man das Beet im Herbst anlegt). An einem Ende des Beetes beginnt man nun zu »rigolen«. Es wird eine Furche – einen Spaten tief, einen Spaten breit – ausgehoben. Die herausgenommene Erde kommt in eine Schubkarre oder neben das Beet. Der Boden unter der ausgehobenen Furche wird mit der Grabegabel tief gelockert. Hinter der ersten Furche hebt man eine zweite aus und gibt die Erde mit dem Mist in die erste Furche. Dann wird die dritte Furche ausgehoben, deren Aushub in die zweite Furche kommt – und so weiter, bis das ganze Beet fertig bearbeitet ist. In die letzte Furche packt man die beiseite gelegte Erde aus der ersten. Von jetzt an darf das Beet nicht mehr betreten werden, der lockere Boden würde zusammengetreten, die Wirkung dieser Kulturmethode – tief gelockerter, nährstoffreicher Boden auf kleinstem Raum – wäre dahin. Wenn das Beet in jedem Jahr mit reichlich Kompost versorgt wird, muß das Rigolen höchstens alle vier Jahre wiederholt werden.

Die Tiefkultur eignet sich besonders gut für Mischkulturen, weil die Pflanzen ihre Wurzeln in dem lockeren Boden tief nach unten strecken können – sie brauchen also weniger Platz in der Breite. Fruchtfolgen und Kulturfolgen sind genauso wie auf den Flachbeeten, nur können mehr Reihen in engeren Abständen angebaut werden.

Kraterbeete sind hierzulande fast unbekannt. Sie eignen sich besonders fürs Gärtnern in klimatisch ungünstigen Gegenden, denn das Gemüse wird in Mulden angebaut, in denen die Sonnenwärme gespeichert werden kann. Außerdem wird Wind abgehalten.

So legt man ein Kraterbeet an: Ein Kraterbeet hat einen Durchmesser von 1,50 – 2,00 m und ist kreisrund. Mit einem Pflock und einer Schnur wird die Form festgelegt, dann muß der Boden sehr tief gelockert werden. In Böden mit Staunässe ist ein solches Beet nicht zu empfehlen, weil sich bei starkem Regen im Beet ein Teich bildet. Nun wird die Erde vom Mittelpunkt aus nach außen gezogen, so daß am Rand ein kleiner Wall entsteht. Der Mittelpunkt soll ca. 15 cm unter dem Bodenniveau liegen, der Wall wird schließlich ca. 25 cm hoch. Um die Wärme zu speichern, legt man in die Mitte dunkle Trittsteine, die auch beim Bearbeiten nützlich sind. Mit einer Folie über zwei gekreuzten Bügeln kann man ein Kraterbeet auch zum Frühbeet umfunktionieren. Kraterbeete werden genauso mit Kompost versorgt wie Flachbeete, auch die Bodenpflege ist die gleiche. Fruchtfolgen und Mischkultur nimmt man auf dieselbe Weise vor wie bei normalen Gartenbeeten.

Mischkultur im Kleingewächshaus

Im Kleingewächshaus kann man nicht nur alle Setzlinge für Nutz- und Ziergarten vorziehen, hier läßt sich auch empfindliches Gemüse anbauen, das – vor allem in kühleren Landstrichen – im Freiland nicht gedeiht. Und sogar hier ist Mischkultur möglich. Tomaten und Gurken, Paprika und Auberginen sowie zahlreiche andere wärmeliebende Gemüse können im Gewächshaus bis in den späten Herbst geerntet werden. Sehr wichtig ist im Glashaus, daß die Pflanzen nicht zu eng stehen, sonst finden sich bald die weiße Fliege und andere Schädlinge ein; ebenso machen sich krankheitserregende Pilze breit, denen das feuchtwarme Klima unter Glas behagt. Anders als im Freien gibt es aber hier keine Nützlinge, die mit den Schadinsekten aufräumen – es sei denn, man setzt sie gezielt aus. Zwischen den großen Sommerkulturen kann man auf dem relativ kleinen Platz im Glashaus nicht viel Mischkultur betreiben – aber im zeitigen Frühjahr und im Herbst und Winter sollte man den Raum nutzen. Der Boden muß vorher gut mit Kompost versorgt werden.

Im Frühjahr sät man schon im Februar ins Grundbeet Spinat, dazu im Wechsel Pflücksalat und Radieschen. Die ersten Kohlrabi können im März zusammen mit dem Kopfsalat gepflanzt werden. Wenn genügend Platz ist, kann man im März auch schon die

Gesunde kräftige Setzlinge sind die Vorbedigung für gutes Gedeihen. Man kann sie selbst ziehen oder beim Gärtner kaufen

ersten Reihen frühe Möhren aussäen, am besten zwischen die Maizwiebeln, die man im Herbst gepflanzt hat.

Sind Tomaten, Paprika und andere wärmeliebende Fruchtgemüse im Herbst abgeerntet, wird der Boden nochmals mit Kompost versorgt. Dann kann ab Anfang Oktober die Wintermischkultur angelegt werden. In Reihenabständen von 30 cm werden abwechselnd Kohlrabi, Pflücksalat, Blumenkohl oder Brokkoli sowie Kopfsalat angebaut – die Ernte reicht bis zum Anfang des Frühlings. Auf ein eigenes Beet im Glashaus sät man Feldsalat, der später vereinzelt und in Reihen gepflanzt wird; so bringt er reiche Ernte. Dazwischen steckt man Winterzwiebeln. Bei dieser Kultur braucht das Kleingewächshaus nicht geheizt zu werden, wenn man es mit Noppenfolie isoliert. Nicht vergessen: an warmen Wintertagen muß einige Stunden über Mittag gelüftet werden! Eines sollte man allerdings beachten: Im Kleingewächshaus reichern Blattgemüse und Salate mehr Nitrat an als im Freiland.

Mischkultur und ihre Pflege

Die Mischkultur auf den Beeten im Gemüsegarten braucht keine besondere Pflege. Alles wird genau so gehandhabt wie in jedem biologisch bewirtschafteten Nutzgarten. Zu beachten ist jedoch folgendes:

Mulchen: Um das Austrocknen der Erde in Trockenzeiten hinauszuzögern oder gar zu verhindern, sollten die Beete gemulcht werden. Als Mulch eignet sich Rasenschnitt, den man einen Tag anwelken läßt (sonst hat man die Schnecken im Beet). Unter große Pflanzen wie Paprika, Tomaten, Kohl kann man Stroh legen, auch die abgeernteten Blätter und Stengel von Erbsen und Bohnen sind gut geeignet. Wird nachgepflanzt, schiebt man die Mulchdecke etwas zur Seite und setzt dort den Setzling ein, nach einigen Tagen kann die Mulchdecke wieder bis an den Setzling geschoben werden. Bei Saaten muß der Mulch auf der ganzen Länge der Saatrille entfernt werden.

Wichtig: Bei schweren Böden sollte man auf Mulchen verzichten, die Böden bleiben sonst zu kalt und zu naß.

Nachdüngen: Wenn auf einem Beet unterschiedliche Pflanzenarten stehen, die zu verschiedenen Zeiten gepflanzt oder gesät wurden, muß man ganz gezielt nachdüngen. Es hat keinen Sinn, Pflanzenbrühe oder in Wasser gelösten organischen Dünger gleichmäßig zu verteilen. Gedüngt werden vor allem Pflanzen, die nicht recht wachsen wollen, und Kulturen, die als Nachkultur auf das Mittelzehrerbeet kommen. Bei der Nachkultur kann man auf unterschiedliche Weise zusätzlich düngen:

- ☐ In das Pflanzloch der Setzlinge wird eine große Handvoll Kompost gegeben.
- ☐ Man gibt in das Pflanzloch einen Eßlöffel eines organischen Düngers (Horn-Blut-Knochenmehl).
- ☐ Man gießt eine Woche nach dem Pflanzen mit Pflanzenbrühe direkt an die Wurzeln – und später nochmals im Abstand von 2–3 Wochen, je nach Nährstoffbedarf der Pflanze.

Wässern: So bequem er sonst ist, auf den Regner sollte man bei der Mischkultur grundsätzlich verzichten. Die meisten Pflanzen vertragen den kalten Guß von oben nicht gut. Regen ist etwas anderes, er ist warm und weich und nach einem Regenguß scheint nur selten gleich wieder prall die Sonne.

Da Mischkulturen meist sehr dicht sind, ist häufiges Gießen gar nicht mal nötig. Der Tau der Nacht hält sich im Schatten der Pflanzen recht lange, der Boden bleibt also feucht. Prüfen Sie immer vor dem Gießen, ob der Boden 2 cm unter der Oberfläche noch feucht ist, dann kann man mit dem Wässern noch warten. In langen Trockenperioden muß natürlich gegossen werden, denn ohne Wasser können die Pflanzen keine Nährstoffe aufnehmen. Man gießt am besten am frühen Morgen, wenn die Sonne noch nicht auf die Beete scheint. Das hat Vorteile: Der feuchte Boden erwärmt sich schnell, die Pflanzen, die ja nur während des Tages assimilieren, können die Feuchtigkeit optimal nutzen, und nicht zuletzt bleiben die Schnecken weg, wenn am frühen Morgen gegossen wird, wird es ihnen zu warm.

Auch sollte man lieber alle 2-3 Tage durchdringend gießen, als jeden Tag oberflächlich. Auf Beeten mit Mischkulturen ist es meist notwendig, frisch Gesetztes und Gesätes mit Extra-Portionen Wasser zu versorgen. Die »erwachsenen« Pflanzen, deren Wurzeln tiefer in den Boden reichen, kann man dann aussparen.

Jede Pflanze braucht ihre Pflege

Ein Tip: Hacken Sie direkt nach einem Regenguß die Beete oberflächlich durch. Dadurch schließen sich die Kapillare im Boden, das Wasser kann nicht so schnell verdunsten.

Unkraut ist für manche Gärtner geradezu ein Feindbild. Einerseits verständlich, denn die Wildkräuter stehen in Konkurrenz zu den Kulturpflanzen und sind in der Regel viel vitaler als diese. Andererseits aber enthalten diese kräftigen, unverfälschten Pflanzen Wirkstoffe, die die Wirkung der Mischkultur noch verstärken können. Ganz abgesehen davon, daß von sogenannten »Unkräutern« das

Unkraut kann auch nützlich sein. Eine lebende Bodendecke aus niedrigen Unkräuter ist so gut wie eine Mulchdecke.

Überleben vieler Insekten- und Schmetterlingsarten abhängt, die, weil sie Teil eines Biotops sind, auch dem Garten und damit dem Menschen nützen. Man sollte das »Problem« Unkraut deshalb nicht verbissen sehen, sondern vernünftig damit umgehen.

Unkraut darf im Gemüsegarten natürlich nicht überhand nehmen – schließlich will man Salat und keine Brennesseln ernten. Aber man sollte diese Wildkräuter nicht rigoros, möglicherweise sogar mit Gift, bekämpfen. Wurzelunkräuter wie Giersch, Winden und Quecken müssen mühsam von Hand aus dem Boden geklaubt werden – und auch das hilft nicht auf Dauer. Doch wenn man ständig die Blätter abreißt, schwächt das mit der Zeit die ganze Pflanze, der Unkrautbestand geht zurück. Samenunkräuter kann man, sobald sie sich zwischen den Gemüsepflanzen zeigen, einfach bei trockenem Wetter hacken. Niemals sollte man Wildkräuter im Gemüsegarten so lange stehen lassen, bis sie Samen bilden. Die Samen fallen ab und die Pflanzen kommen in den nächsten Jahren garantiert wieder – und zwar in Massen.

Unkräuter – besser gesagt Wildkräuter – zeigen übrigens dem Gartenbesitzer in vielen Fällen an, wie der Boden beschaffen ist. Als »Zeigerpflanzen« weisen sie darauf hin, ob ein Boden humos oder zu mager, ob er sauer oder kalkhaltig, zu trocken oder staunaß ist.

Extra-Tips für Balkon und Terrasse

Nicht jeder besitzt einen Garten, in dem er Gemüse ziehen kann. Manch einer hat auch keine Lust zu intensiver Gartenarbeit. Von frischem, knackigem Salat direkt aus dem Beet, von saftigen, sonnengereiften Tomaten, von Gemüse, bei dem man weiß, daß es keine Schadstoffe enthält, träumen aber auch die Faulen. Um etwas Gemüse zu ernten, braucht man nicht unbedingt einen Garten. Ein Balkon, eine Terrasse gehören zu vielen Wohnungen, selbst mitten in der Stadt.

Zeigerpflanzen
Stickstoffreichen Boden zeigen: Brennessel, Gänsefuß, Gartenmelde, Ackersenf, Hirtentäschel, Vogelmiere, Ehrenpreis, Hellerkraut, Franzosenkraut, Klettenlabkraut, Rote Taubnessel, Schwarzer Nachtschatten.
Nährstoffarme Böden zeigen: Margerite, Gänseblümchen, Beifuß, Pechnelke, Knäuelblume.
Feuchten Boden mit Staunässe zeigen: Ackerminze, Beinwell, Blutweiderich, Gänsefingerkraut, Kriechender Hahnenfuß, Schachtelhalm.
Verdichteten Boden zeigen: Ackerkratzdistel, Ackerfuchsschwanz, Breit- und Spitzwegerich, Strahllose Kamille.
Kalkarmen Boden (pH-Wert 4,5 – 5,5) zeigen: Ackerstiefmütterchen, Hühnerhirse, Knäuelblume, Beifuß, Sauerampfer, Honiggras.
Neutralen Boden zeigen: Echte Kamille, Ackerfrauenmantel, Hundskamille, Hederich, Feldlöwenmaul.
Kalkreichen Boden (pH-Wert bis 8,5) zeigen: Klatschmohn, Lichtnelke, Ackerwinde, Esparsette, Kleiner Wiesenknopf, Wegwarte, Wiesensalbei.

Warum sollte hier nicht das eine oder andere Gemüse in Töpfen und Kästen heranwachsen – für kleine, aber feine Ernten. Oft sind die Bedingungen auf einem sonnigen Balkon gerade für südliche Gemüse sogar günstiger als in einem offenen Garten.

Wichtig ist bei der Gemüsekultur auf dem Balkon oder der Terrasse, daß die Pflanzen genügend Platz im Gefäß haben. Topf oder Kasten müssen tief genug sein, damit die Pflanzen viel Wurzelwerk entwickeln können; 25–30 cm tiefe Gefäße sind das Minimum. Auch das Substrat muß stimmen, einfache Blumenerde aus dem Supermarkt genügt in der Regel für Gemüse nicht. Blumenerde muß mit Kompost angereichert werden, für starkzehrende Pflanzen wie Gurken, Tomaten und Zucchini sollte man reinen Kompost verwenden. Da man in der Stadt aber in den allermeisten Fällen keine Möglichkeit hat, selbst zu kompostieren, sind Fertiggkomposte, die von verschiedenen Herstellern angeboten werden, eine gute Lösung.

Gemüse auf dem Balkon?

Tomaten und Zucchini sind die beliebtesten Balkongemüse. Man setzt sie in große Gefäße von mindestens 50 Liter Inhalt. In einem solchen Kübel haben eine Zucchinipflanze oder zwei bis drei Tomatenpflanzen Platz. Tomaten müssen angebunden werden, damit sie nicht kippen. Besonders geeignet für die Balkonbepflanzung sind rote oder gelbe Kirschtomaten. Es gibt auch kleinwüchsige Strauchtomaten, die speziell für die Kultur in Kübeln gezüchtet sind. Auch Paprika, Peperoni und Auberginen kann man hervorragend im Kübel ziehen, sie gedeihen auf einem warmen, windgeschützten Balkon sogar besser als im Freiland.

Brokkoli sieht im Topf auf dem Balkon recht dekorativ aus, von Blumenkohl gibt es Mini-Sorten, von denen bis zu vier in einem größeren Gefäß Platz haben. Auch Chinakohl macht sich gut in einem Kübel, Kohlrabi kann man hier ebenfalls ziehen. Wer viel Platz hat, sollte es auch mit Salatgurken an einem stabilen Spalier versuchen. Als Schutz vor Wind und den Blicken der Nachbarn pflanzt man weiße und rote Feuerbohnen, die ausgesprochen dekorativ sind und zudem noch reiche Ernten bringen.

Mischkultur in Kübeln

In Kübeln und Kästen ist Mischkultur wie im Gemüsegarten natürlich nicht möglich. Doch die guten Nachbarschaften sollte man auch hier nützen. Vor allem Abwehrstoffe gegen allerlei Schädlinge und Krankheiten sind wichtig, denn auf Balkonen finden sich nur selten Nützlinge ein, die Schädlinge auf natürliche Weise in Grenzen halten.

In den Kübeln und Kästen ist nicht viel Platz. Aber das ist nicht unbedingt ein Nachteil. Denn wenn man die guten Nachbarn in Töpfen nebeneinander stellt, kann jede Pflanze ihr Wurzelwerk ausbreiten und dabei doch über die Düfte und Ausscheidungen der oberirdischen Pflanzenteile fördernd auf die Nachbarpflanzen wirken oder von ihnen profitieren. Auf die Wirkung über die Wurzelausscheidungen muß man in Kübeln allerdings verzichten.

Hier einige Beispiele, wie Mischkultur auf dem Balkon und auf einer Terrassse sinnvoll betrieben werden kann:

☐ In einen großen Behälter werden Frühjahrszwiebeln oder Perlzwiebeln gesät oder normale Gemüsezwiebeln gesteckt. Dazu sät man etwas Dill, und an den Rand des Kübels pflanzt man rankende Monatserdbeeren.

☐ In einen anderen Kasten sät man Rote Bete, dazu setzt man einige Kohlrabi. Wenn die Kohlrabi geerntet sind, werden an ihrer Stelle nach und nach wieder Rote Bete nachgesät – so hat man mehrere Ernten. Das ist bei Balkonkulturen sinnvoll, denn man wird ja ständig das, was man erntet, frisch in der Küche verwenden.

☐ In einen großen Topf setzt man zwei Brokkolipflanzen, daneben Schnittsellerie und Kümmel. Dieser Topf sollte in die Nähe der Tomaten gestellt werden.

☐ Ein Kübel wird mit Kohlrabi und Kopfsalat bepflanzt (jeweils höchstens drei Pflanzen) dazwischen sät man Radieschen oder frühe Rettiche. Sind Kopfsalat und Kohlrabi geerntet, kann man noch Auberginen oder Paprika pflanzen. Auch diesen Kübel rückt man in die Nähe der Tomaten.

☐ Paprika und Auberginen setzt man zusammen in einen großen Kübel (höchstens drei Pflanzen zusammen). In den Boden werden mehrere Knoblauchzehen gesteckt, sie halten Bodenschädlinge ab.

☐ Eine Gurke wird an einem Stab, einem Gerüst oder an langen Spezialschnüren hochgezogen (oben am Balkon gut verankern, damit die schweren Früchte die Pflanze nicht mitsamt der Schnur herunterziehen). Unten in den Kübel kommen Zwiebeln und zwei oder drei Knollenfenchel. Hat man in einen Kasten Pflücksalat gesät, stellt man ihn in die Nähe der Gurke.

☐ Unter die Tomaten im Kübel sät man rankende Kapuzinerkresse (nicht mehr als drei Pflanzen), in das Substrat werden mehrere Knoblauchzehen gesteckt.

☐ Kopfsalat und Kresse liefern die erste Ernte aus einem weiteren Kasten, als Nachfolgepflanzung eignen sich Zwiebeln und Fenchel.

☐ Wenn Sie auf dem Balkon eine Zucchinipflanze im Kübel haben, säen sie Borretsch dazu. Das sieht sehr hübsch aus – und die Zucchini gedeiht besser.

Experimentieren Sie ruhig ein bißchen. Denn außer Gemüse möchte man auf Balkon und Terrasse ja auch viele Blumen haben. Und die meisten Gemüse und Blumen vertragen sich gut.

Mischkultur nach Plan

Grau ist alle Theorie – deshalb sollen bunte Pläne die Theorie lebendig machen. An einigen Beispielen wird gezeigt, wie Mischkultur aussehen kann – mit Vor- und Nachkulturen. Das sollen aber nur Anregungen sein. Jeder Gemüsegärtner hat andere Vorlieben – und danach wird er seine ganz persönliche Mischkultur ausrichten.

Kein Garten ist wie der andere, deshalb ist Mischkultur eine Frage der ganz individuellen Planung.

Starkzehrer-Beet

Sobald es die Witterung zuläßt, wird auf dieses Beet Gründüngung (Phacelia, Kresse) gesät. Bei Trockenheit feucht halten, damit die Samen keimen. Die Gründüngung sollte man vor der Pflanzung der Hauptkultur herausreißen und als Mulch liegen lassen.
Brokkoli wird Mitte April ausgepflanzt – Pflanzenabstand 40 cm. Brokkoli muß recht früh gepflanzt werden, damit er nicht gleich nach der Bildung der »Blume« aufblüht. Mitte Mai setzt man in die Mitte zwei Reihen Knollensellerie, die Pflänzchen sind noch klein, der Brokkoli wird schon groß. Wenn der Brokkoli abgeerntet ist – jetzt wächst der Sellerie – wird an seine Stelle Lauch gepflanzt, eine späte Sorte, die bis in den Winter hinein stehen bleibt. Nun sind die Selleriepflanzen groß, der Lauch behindert sie nicht, er ist ja schmal. Nach der Ernte der Selleriepflanzen Anfang Oktober wird in Reihen Feldsalat ausgesät, den man ab März ernten kann. Dazwischen kommen Maizwiebeln, die als Setzlinge vorgezogen wurden.

Starkzehrer-Beet

Als Gründüngung werden fünf Reihen Ackerbohnen gesät. Mitte April setzt man auf eine äußere Reihe frühen Wirsing, Abstand 80 cm. Die Ackerbohnen werden vorerst nur an der Pflanzstelle herausgenommen. Mitte Mai (jetzt Ackerbohnen herausnehmen und als Mulch aufs Beet legen) kommt auf die andere äußere Reihe Blumenkohl, ebenfalls im Abstand von 80 cm. Zwischen die bereits heranwachsenden Wirsingköpfe und den Blumenkohl pflanzt man zum selben Zeitpunkt Staudensellerie – die Abstände verringern sich so auf 40 cm. In die mittlere Reihe werden Mitte Mai Rote Bete gesät und später auf 15 cm vereinzelt. Nach der Ernte des frühen Wirsings im Juli wird an seine Stelle Endiviensalat gesetzt. Im August/September, wenn der Blumenkohl abgeerntet ist, wird an seine Stelle Radicchio ausgesät, der den ganzen Winter stehen bleibt. Nach der Ernte von Endivien und Roten Beten können schon Möhren (frühe Sorten) fürs kommende Frühjahr ausgesät werden. Sie keimen nicht mehr in diesem Jahr, sondern im März des folgenden Jahres, wenn auch der Radicchio nochmals kleine Köpfe bildet.

Mittelzehrer-Beet

Ab März werden auf das Beet in vier Reihen Kohlrabi und Kopfsalat gepflanzt, dazwischen Pflücksalat und Radieschen gesät – es kann am Anfang recht eng sein, aber Radieschen und Pflücksalat sind geerntet, ehe der Kopfsalat voll entwickelt ist. Da es noch Frost geben kann, wird diese Kultur von einem Folientunnel geschützt.

Ab Mai kommen in die Mitte des Beetes Paprika und Auberginen (oder Peperoni) – Abstand 50 cm. Letzte Salatköpfe oder Kohlrabi, die hier noch stehen, stören vorerst nicht. Auf die eine Außenreihe wird Mitte Juni Knollenfenchel gepflanzt (Abstand 20 cm). Auf die andere Außenreihe kommen Eissalat und roter Kopfsalat, der Hitze verträgt, Abstand 30 cm. Wenn der Salat Ende Juli abgeerntet ist, sät man schwarzen Winterrettich, der Ende Oktober geerntet wird. Dann sind auch Knollenfenchel und Paprika abgeerntet, das Beet wird mit Gründüngung eingesät oder als Starkzehrerbeet vorbereitet.

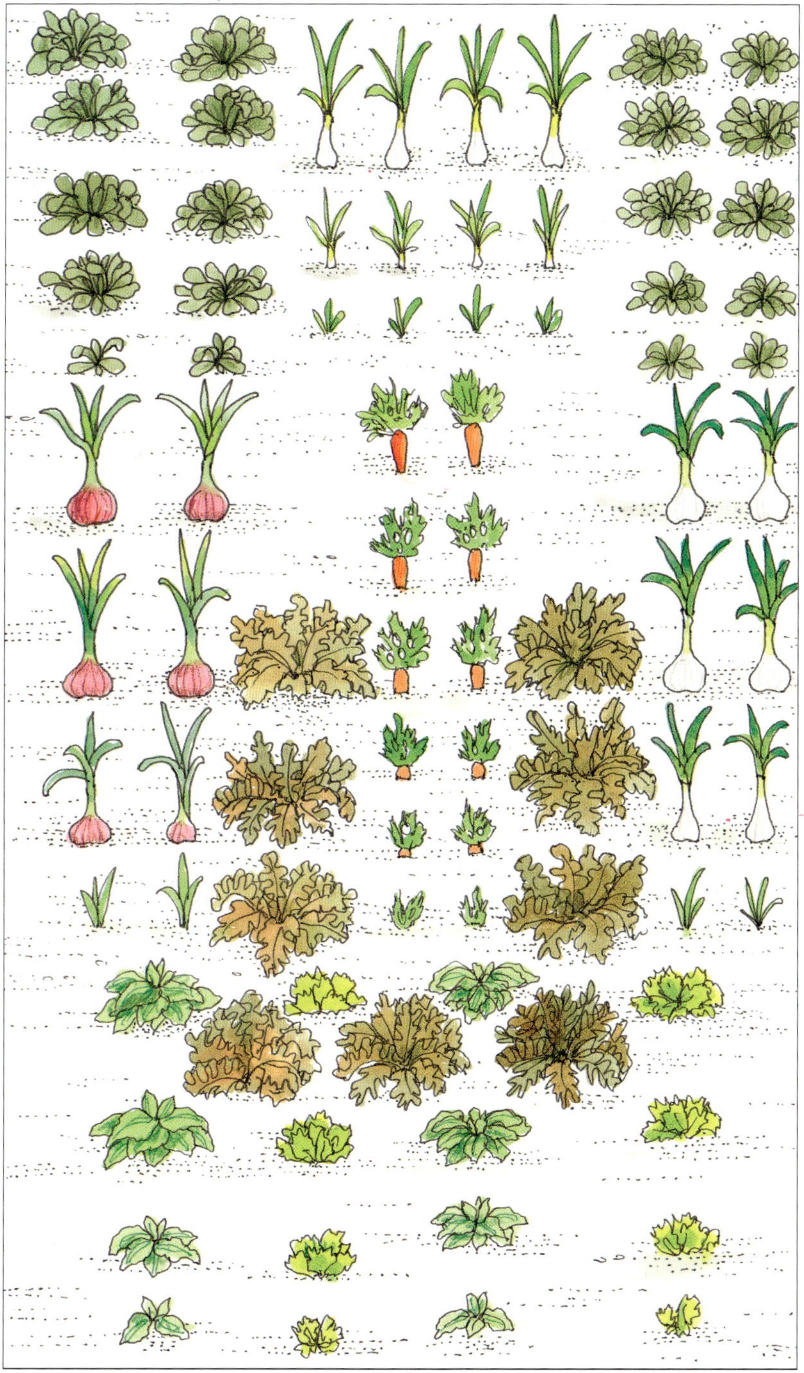

Mittelzehrer-Beet

Ende März werden in Reihen Spinat, und Pflücksalat gesät, im April wird Eichenblattsalat dazwischen gepflanzt. In frostgefährdeten Lagen kann man das Beet mit mitwachsender Folie abdecken. Der Spinat wird jung geerntet und als Salat (zusammen mit dem Pflücksalat) zubereitet. So gibt es Platz für die Zwiebeln, die Ende April in die äußeren Reihen gesteckt werden – Abstand 15 cm. Rote und weiße Zwiebeln kann man abwechselnd stecken oder auch eine Reihe rote, eine Reihe weiße Zwiebeln. Anfang Mai werden Sommermöhren in zwei Reihen in die Mitte gesät (es dauert bis zu 3 Wochen, bis die Saat keimt). Der Eichblattsalat kann stehen bleiben. Die Möhren auf 10 cm Abstand verziehen, danach sofort angießen, damit sich die Möhrenfliege nicht einnisten kann.
Die Zwiebeln werden im August geerntet; danach sofort in Reihen oder breitwürfig Feldsalat säen. Nach der Ernte der Möhren Winterzwiebeln oder Maizwiebeln stecken. Diese beiden Kulturen bleiben den Winter über im Boden.

Mittel- und Schwachzehrer-Beet
Ende März werden in die Mitte des Beetes an Maschendraht oder Zweigen in zwei nah zusammen liegenden Reihen Erbsen (Zuckererbsen, Palerbsen, Markerbsen) gesät. Auf die äußeren beiden Reihen frühe Möhren säen, eventuell mit Radieschen als Markiersaat dazwischen. Die Erbsen werden im Juni geerntet und aus dem Boden genommen, ihnen folgen zwei Reihen Kopfsalat (auf Sorten achten, die nicht in der Sommerhitze schießen, am besten verschiedene Sorten wählen) – Abstand 30 cm. Sind die frühen Möhren aus dem Boden genommen, wird in beiden Reihen Anfang Juli Rosenkohl oder Grünkohl (oder beides) gepflanzt, in die Pflanzlöcher muß etwas Kompost gegeben werden. Auch zwischen den Kopfsalat in den beiden mittleren Reihen setzt man eine Reihe Winterkohl. Den Rosenkohl nicht nachdüngen, sonst bildet er zu lockere Röschen.

Mittel- und Schwachzehrer-Beet

Im zeitigen Frühjahr werden die zwei äußeren Reihen mit Kohlrabi bepflanzt, auf zwei Reihen in der Mitte des Beetes sät man roten und gelben Pflücksalat. Mit einem Folientunnel kann man die Kulturen vor Spätfrösten schützen. Nach dem Pflücksalat folgen bei warmem Boden (Mitte bis Ende Mai) zwei Reihen Buschbohnen. Wenn die Kohlrabi nach und nach herausgenommen werden, pflanzt man auf einer äußeren Seite Eissalat an, damit man ihn nach und nach ernten kann. Im August folgt auf den Eissalat Chinakohl, der bis in den November stehen bleibt. Die andere äußere Reihe wird nach den Kohlrabi mit Knollenfenchel bepflanzt, der sich nach und nach bis Oktober zur Ernte entwickelt. Nach den Bohnen pflanzt man – nach einer zusätzlichen Düngung mit Kompost oder organischem Dünger – Rosenkohl oder Grünkohl; auch in die Reihe mit dem Fenchel kann man schon Rosenkohlsetzlinge pflanzen, sie brauchen erst Platz, wenn der Fenchel geerntet ist.

Hügelbeet im 1. Jahr
Im ersten Jahr ist das Hügelbeet nährstoffreich und warm. Alle Gemüsearten, die viel Dünger und Wärme brauchen, gedeihen hier bestens. Oben auf das Beet werden Tomaten gepflanzt – Abstand 60 cm. Trotz des warmen Beetes sollte man nicht vor den Eisheiligen pflanzen. In die Reihe unter den Tomaten setzt man auf der Westseite (das Hügelbeet ist ja in Nord-Süd-Richtung angelegt) Brokkoli und Knollensellerie im Wechsel – Abstände 40 cm. Ist der Brokkoli im Juli abgeerntet, kann man ohne weiteres nochmals Brokkoli pflanzen, wegen des warmen Fußes kann man bis Oktober ernten. Auf der Ostseite wird Blumenkohl gepflanzt, der hier vor zuviel Sonne geschützt ist. In diese Reihe sollte man zwei bis drei Selleriepflanzen als Schädlingsabwehr setzen. In eine der unteren Reihen werden Weißkohl und Rotkohl im Wechsel gepflanzt. In die andere untere Reihe sät man Mangold. An der Südseite des Beetes können ein oder zwei Zucchinipflanzen stehen, an Nordende gedeihen Gurken am Stab.

Hügelbeet im 2. Jahr

Als Vorkultur wird im zeitigen Frühjahr Gründüngung ausgesät. Im April kommen in eine seitliche Reihe früher Wirsing und Kohlrabi im Wechsel, in die andere Mangold, sehr hübsch ist die Mischung einer roten und einer weißen Sorte. Im Mai wird die Gründüngung herausgenommen. Oben auf das Beet pflanzt man Gurken, die wie Tomaten am Stab gezogen werden. Das spart Platz, und die Früchte sind immer sauber und vor »Mitessern« am Boden geschützt. Jetzt sät man in eine der unteren Reihen Rote Bete. In die andere untere Reihe setzt man Knollensellerie und Lauch. Die »schlechte Nachbarschaft« von Lauch und Roten Beten wirkt sich nicht aus. Nach dem frühen Wirsing und den Kohlrabi wird im Juni Knollenfenchel gepflanzt; wer nur wenig braucht, setzt im Wechsel Endivien dazwischen. An beide Enden des Hügelbeetes kann man auch im zweiten Jahr wieder Zucchini oder Kürbis setzen – oder auch Paprika und Peperoni.

Hügelbeet im 3. Jahr

In die mittlere Reihe sät man im Mai Buschbohnen – die Nährstoffe sind bereits so reduziert, daß sie gut gedeihen, denn die Wurzeln der Bohnen gehen nicht tief nach unten. Wenn die Bohnen abgeerntet sind, folgt Winterkohl (Rosenkohl, Winterwirsing, Butterkohl). Diese Kohlarten gelangen mit ihren Wurzeln so tief in das Hügelbeet, daß sie sich die nötigen Nährstoffe auch von weiter unten herausholen können. In die beiden Reihen unterhalb der Mittelreihe werden Schwarzwurzeln gesät – hier lassen sie sich, weil das Beet noch locker ist, sehr leicht ernten. In eine der unteren Reihen werden im April Zwiebeln gesteckt. Ihnen folgt nach der Ernte Feldsalat, der breitwürfig ausgesät werden kann. Die andere Grundreihe kann vom zeitigen Frühjahr an mit den verschiedensten Salaten bepflanzt werden. Zum Beispiel in der Folge: Pflücksalat, Kopfsalat, Roter Kopfsalat, Endivien, Radicchio oder Feldsalat. An die Hügelenden kann man jetzt Kräuter pflanzen.

Hügelbeet im 4. Jahr

Jetzt ist das Hügelbeet schon erheblich flacher und auch lange nicht mehr so nährstoffreich wie in den ersten Jahren. Deshalb werden im April in die Mittelreihe Erbsen gesät, die auch einen geringen Frost vertragen. Wenn man sie an ein Drahtgerüst aufleitet, nehmen sie wenig Platz in Anspruch. Ebenfalls im zeitigen Frühjahr sät man neben die Erbsen in bunter Reihenfolge Pflücksalat, Spinat, Radieschen und Osterrettich. Schon Anfang April kann man in die äußersten Reihen Möhren säen (frühe Sorten). Sowie Spinat, Pflücksalat und Rettiche abgeerntet sind, werden nach und nach – das verlängert die Ernte – auf einer Reihe Kohlrabi, auf der andren verschiedene Sorten Kopfsalat gesetzt. All diese Kulturen sind bis Mitte August zum größten Teil abgeerntet, nun kommt Kompost auf das Beet, und es werden Erdbeeren gepflanzt – wobei evtl. noch auf dem Beet stehende Kohlrabi und Salate die jungen Erdbeerpflanzen nicht behindern, denn sie bilden zunächst einmal Wurzelwerk aus.

Bemerkungen zu den Plänen

Diese Pläne sollen nur Vorschläge sein. Anhand unserer Tabellen über gute und schlechte Nachbarn (Seite 87) sowie über die Kulturdauer und die Nährstoffansprüche (Stark-, Mittel-, Schwachzehrer, Seite 38) können Sie ganz nach Wunsch Ihre Mischkulturen selbst zusammenstellen.

Auch die Angaben, in welchem Monat gesät oder gepflanzt wird, sind keineswegs verbindlich. Es ist logisch, daß man in Weinbaugegenden sehr viel früher mit der Gartenbestellung, mit Aussaat und Pflanzung beginnen kann als in Mittelgebirgslagen, wo die Vegetation oft bis zu 4 Wochen hinterherhinkt. In rauhen Gegenden wird man im Freiland auch mit Tomaten, Paprika und Auberginen keinen Erfolg haben, während sie in warmen Tälern hervorragend gedeihen.

Auch hat man in warmen Landstrichen sehr viel mehr Kombinationsmöglichkeiten von Vor-, Haupt- und Nachkulturen. In Mittelgebirgslagen sind wegen der Gefahr von Spätfrösten Vorkulturen oft gar nicht möglich. Die Mischkultur auf Hügelbeeten sieht anders aus, als die in Flachbeeten. Da auf den Hügelbeeten die Pflanzen in den ersten zwei Jahren praktisch auf einem Kompost wachsen, sollte man keine Gemüse hier anbauen, die nur wenig Nährstoffe brauchen, vor allem keine solchen, die starke Nitratsammler sind. Aus den Plänen ist ersichtlich, wie man nach und nach diese Pflanzen von den schwächer mit Nährstoffen versorgten Rändern her anbaut. Am Schluß, wenn das Hügelbeet zum »normalen« Beet geworden ist, eignet es sich hervorragend als Erdbeerbeet. Die Erdbeerpflanzen bleiben zwei bis drei Jahre am selben Standort, dann kann man wieder ein Hügelbeet aufbauen.

Denken Sie auch daran, daß die Kulturen meist ineinander übergehen. Es wird nicht eine Gemüseart geerntet und dann die nächste angebaut. In den allermeisten Fällen kann man zwischen die erntereifen Salate und Gemüse schon die Setzlinge der nächsten Kultur setzen. Sie profitieren in den ersten Wochen sogar davon, daß sie etwas im Schatten ihrer Vorgänger stehen. Ein Beispiel: Während der Knollenfenchel schon heranwächst (man erntet ja nicht alle Knollen auf einmal, sondern so, wie man das Gemüse in der Küche braucht), kann man die kleinen Setzlinge des Rosenkohls dazwischenpflanzen.

Nicht in die Pläne einbezogen sind die Küchenkräuter, die viele Kulturen schützen und fördern. Im Kapitel »Mischkultur mit Kräutern« erfahren Sie, wie und wo man diese Pflanzen am besten einsetzt – sie in die Pläne hier einzubringen, hätte Verwirrung gestiftet. Außerdem hat in Sachen Küchenkräuter jeder seinen eigenen Geschmack und seine Vorlieben.

Gute und schlechte Nachbarn im Gemüsegarten

Gemüseart	Gute Nachbarn	Schlechte Nachbarn
Bohnen	Bohnenkraut, Gurken, Kartoffeln, Kohlarten, Mais, Mangold, Radieschen, Rettich, Rote Bete, Salate, Sellerie, Spinat, Tomaten	Erbsen, Knoblauch, Knollenfenchel, Lauch, Zwiebeln
Endivien	Bohnen, Fenchel, Kohlarten, Lauch	Knoblauch, Zwiebeln
Erbsen	Gurken, Knollenfenchel, Kohlarten, Kohlrabi, Kopfsalat, Mais, Möhren,	Bohnen, Kartoffeln, Knoblauch, Lauch, Tomaten, Zwiebeln Radieschen, Rettich, Zucchini
Erdbeeren	Buschbohnen, Knoblauch, Kopfsalat, Lauch, Rettich, Spinat, Zwiebeln	Alle Kohlarten
Gurken	Bohnen, Dill, Erbsen, Knoblauch, Kohlarten, Kopfsalat, Lauch, Rote Bete, Sellerie, Zwiebeln	Kartoffeln, Radieschen, Rettich, Tomaten
Kartoffeln	Bohnen, Kamille, Kapuzinerkresse, Knoblauch, Kohl, Kohlrabi, Kümmel, Mais, Minze, Spinat	Gurken, Kürbis, Sellerie, Sonnenblumen, Tomaten
Knoblauch	Erdbeeren, Gurken, Himbeeren, Möhren, Rote Bete, Tomaten	Bohnen, Erbsen, Kohl
Knollenfenchel	Chicorée, Endivien, Erbsen, Feldsalat, Gurken, Kopfsalat, Radicchio, Salbei	Bohnen, Tomaten
Kohlarten	Bohnen, Dill, Endivien, Erbsen, Feldsalat, Gurken, Kopfsalat, Mangold, Pflücksalat, Radicchio, Radieschen, Rettich, Rote Bete, Sellerie, Spinat, Tomaten	Erdbeeren, Knoblauch, Lauch, Senf, Zwiebeln
Kohlrabi	Erbsen, Kartoffeln, Kopfsalat, Lauch, Radieschen, Rettich, Rote Bete, Schwarzwurzeln, Sellerie, Spinat	Chinakohl
Kopfsalat	Erbsen, Gurken, Kohlarten, Kohlrabi, Knollenfenchel, Möhren, Pastinaken, Radieschen, Rettich, Schwarzwurzeln, Tomaten, Zwiebeln	Petersilie
Lauch	Endivien, Feldsalat, Gurken, Kohlrabi, Möhren, Radicchio, Schwarzwurzeln, Sellerie, Tomaten	Bohnen, Chinakohl, Erbsen, Kohlarten, Rote Bete
Mais	Bohnen, Gurken, Kartoffeln, Kürbis, Melonen, Salate, Tomaten, Zucchini	Rote Bete, Sellerie
Mangold	Alle Kohlarten, Möhren, Rettich	Spinat
Möhren	Chicorée, Erbsen, Knoblauch, Kopfsalat, Lauch, Mangold, Pflücksalat, Radieschen, Rettich, Schwarzwurzeln, Tomaten, Zwiebeln	
Paprika	Auberginen, Gurken, Kürbis, Melonen	
Pflücksalat	Fenchel, Kohl, Rettich, Rote Bete, Spinat, Schwarzwurzeln, Tomaten	
Rote Bete	Bohnen, Gurken, Knoblauch, Kohlrabi, Pflücksalat, Zucchini, Zwiebeln	Kartoffeln, Lauch, Mais
Schwarzwurzeln	Bohnen, Kohlrabi, Kopfsalat, Lauch, Pflücksalat, Sellerie	
Sellerie	Bohnen, Gurken, Kohlarten, Kohlrabi, Lauch, Spinat, Tomaten	Kartoffeln, Mais, Salat
Spinat	Bohnen, Kartoffeln, Kohlarten, Kohlrabi, Radieschen, Rettich, Sellerie, Tomaten	
Tomaten	Bohnen, Chicorée, Kopfsalat, Knoblauch, Lauch, Mais, Möhren, Petersilie, Radieschen, Rettich, Sellerie, Spinat, Zwiebeln	Erbsen, Gurken, Kartoffeln, Knollenfenchel
Zichoriensalate	Fenchel, Kopfsalat, Möhren, Stangenbohnen, Tomaten, Zwiebeln	
Zwiebeln	Feldsalat, Gurken, Kopfsalat, Möhren, Rote Bete, Tomaten, Zucchini	Bohnen, Erbsen, Kohlarten, Radieschen, Rettich

Mischkultur mit Kräutern

Gegen alles ist ein Kraut gewachsen« heißt es im Volksmund. Da ist viel Wahres dran. Küchenkräuter würzen nicht nur Speisen und machen sie bekömmlich, sie sind auch Heilpflanzen im wahrsten Sinne des Wortes und helfen bei vielen alltäglichen Beschwerden. Nicht nur das: Auch für den Garten und seine Pflanzen sind die duftenden Kräuter hilfreich und heilsam. Man muß sie nur richtig einsetzen.

Zauberhafter Kräutergarten: Die einzelnen Kräuter sind durch niedrigen Buchs getrennt.

Die Apotheke im Garten

Wer Küchenkräuter in seinen Garten pflanzt, denkt natürlich in erster Linie daran, mit ihnen Speisen zu würzen, aus ihnen Tee zu kochen, mit anderen Worten: sie zum guten Geschmack und Wohlbefinden zu verwenden. Weil aber Kräuter für den Schutz der Pflanzen im Garten und für die Gesundheit des Bodens ebenso wichtig sind wie für den Menschen, kann man sie gleich zweifach nutzen: Solange sie wachsen, als Gartendoktor, wenn man sie geerntet hat, für Küche und Hausapotheke. Dabei brauchen Kräuter im Grunde kein eigenes Beet, bis auf wenige Ausnahmen können sie auf den Gemüsebeeten und im Ziergarten zwischen anderen Pflanzen wachsen.

Sonne und Wasser

Küchenkräuter gedeihen aber nur zufriedenstellend und entwickeln ihr kräftiges Aroma, wenn ihre Wünsche an Bodenzustand, Nährstoffe und Wärme erfüllt werden. Die meisten unserer Küchenkräuter stammen aus südlichen Ländern, sind also besonders wärmeliebend. In Landstrichen mit mildem Weinbauklima und vielen Sonnentagen hat man mit Rosmarin, Thymian und Salbei keine Probleme. In rauheren Mittelgebirgslagen wird man diese Sonnenkräuter nur mit viel Aufwand durchbringen. Sie müssen in Kübeln kultiviert und in einem frostsicheren Raum überwintert werden. In sehr kalten Lagen muß man sich im Freiland mit weniger empfindlichen Kräutern zufriedengeben.

Fast alle Küchenkräuter entwickeln ihr volles Aroma nur an einem warmen, sonnigen Platz. Ausnahmen sind Schnittlauch, Petersilie, Liebstöckel und Kerbel, die auch an einem halbschattigen Platz gut gedeihen.

Bei der Planung eines Kräuterbeetes muß man deshalb immer darauf achten, daß die Kräuter nicht zu eng stehen und die Großen die Kleinen nicht »in den Schatten stellen«. Da sich fast alle mehrjährigen Kräuter im Laufe der Zeit ausbreiten, muß man ihnen entweder sehr viel Platz geben oder sie immer wieder zurückstutzen. Zu den Kräutern, die recht ausladend werden können, gehört vor allem das Liebstöckel. Aber auch Salbei und Origano nehmen nach einigen Jahren viel Platz in Anspruch und müssen durch kräftigen Rückschnitt oder Entfernen von Teilen des Wurzelstocks in Grenzen gehalten werden. Zitronenmelisse kann im Garten sogar zur Plage werden, weil sie »wandert« und sich innerhalb weniger Monate zu großen Buschen entwickelt.

Kräuter sind recht anspruchslos, die meisten gedeihen auf mageren Böden oder dort, wo nur wenig gedüngt wird, am besten. Nur am Fuß möchten sie es warm haben. Bei sehr tonigen Böden sollte man deshalb ins Kräuterbeet immer wieder einige Schaufeln feinen Kies oder groben Sand einarbeiten, um den Boden trocken und warm zu halten. Als Dünger genügt etwas Kompost im zeitigen Frühjahr.

In puncto Wasser sind die meisten Kräuter nicht sehr anspruchsvoll. Nur wenige müssen regelmäßig gegossen werden.

Die Ansprüche der Kräuter

Wenn Küchenkräuter zwischen Blumen und Gemüse in Mischkultur ihre günstige Wirkung entfalten sollen, muß man bei der Wahl des Standorts auf ihre Bedürfnisse Rücksicht nehmen.

Mageren Boden (Schwachzehrer-Beet) mögen Kresse, Majoran, Melisse, Origano, Rosmarin, Thymian.

Boden mit mittlerem Nährstoffgehalt (Mittelzehrer-Beet) mögen Basilikum, Bohnenkraut, Kerbel, Petersilie, Pfefferminze, Pimpinelle, Schnittlauch.

Gegen alles ist ein Kraut gewachsen

Nährstoffreichen Boden (Starkzehrer-Beet) mögen Borretsch, Estragon, Kapuzinerkresse, Liebstöckel, Dill.

Trockenen Boden brauchen Bohnenkraut, Majoran, Melisse, Origano, Pimpinelle, Salbei, Thymian.

Feuchten Boden brauchen Basilikum, Dill, Estragon, Pfefferminze, Petersilie, Rosmarin und Schnittlauch von Zeit zu Zeit.

Viel Wasser brauchen Liebstöckel und Borretsch.

Was sich nicht mag

Wen wundert es, daß nicht alle Kräuter mit ihrem kräftigen Aroma und ihren starken Wurzelausscheidungen gute Nachbarn füreinander und für andere Pflanzen sind. Einige vertragen sich sogar überhaupt nicht:

Liebstöckel ist für die meisten anderen Kräuter ein schlechter Nachbar, es sollte nicht auf dem Kräuterbeet, sondern an einem eigenen Platz stehen. Nur mit Estragon kommt es gut aus. Auch Wermut ist eine Pflanze, die besser für sich allein steht, obwohl ihre abwehrende Wirkung auf Schadinsekten nützlich wäre. In seiner Nachbarschaft aber kümmern alle anderen Pflanzen, nicht nur die Kräuter.

Schlechte Nachbarn füreinander sind außerdem: Zitronenmelisse und Indianernessel (Goldmelisse), Pfefferminze und Kamille, Fenchel (auch Knollenfenchel) und Kümmel, Fenchel und Koriander, Petersilie und Salat.

Gute Nachbarn auf den Beeten

Einjährige Kräuter brauchen kein eigenes Beet. Sie fühlen sich zwischen Gemüsekulturen und Blumen wohl, vorausgesetzt, der Standort ist, was Nährstoffe und Wärme angeht, geeignet. Da diese Einjährigen jedes Jahr neu gesät und gepflanzt werden, können sie die Mischkulturen im Gemüsegarten ideal begleiten. Noch mehr als die Gemüsepflanzen schützen und helfen Küchenkräuter durch Wurzel- und Blattausscheidungen, Schädlinge abzuwehren und zu irritieren, den Boden gesund zu erhalten und Nützlinge anzulocken.

Mehrjährige Kräuter bleiben, wie der Name sagt, einige Jahre am selben Platz. Das ist für die Mischkultur im Nutzgarten ungünstig, weil hier die Kulturen auf den Beeten jährlich wechseln. Aber im Ziergarten können die mehrjährigen Kräuterstauden nicht nur ihre volle Wirkung zwischen Blumen und Stauden tun, sie sind hier auch noch gut anzuschauen – und sie duften oft mehr als jede noch so schöne Blüte.

Vom Nutzen der Kräuter

Hier soll nun ausnahmsweise einmal nicht von der Verwendung der Küchenkräuter als Würze und Heilmittel die Rede sein, sondern ausschließlich von ihrem Nutzen für andere Pflanzen.

Einjährige Kräuter

Basilikum fördert die Gesundheit von Gurken und sorgt, weil der Duft Insekten anlockt, auch für die Befruchtung der Gurken. Deren Ernte wird gewiß reicher ausfallen.

Bohnenkraut zwischen Busch- und Stangenbohnen wirkt ertragsteigernd und wehrt die schwarze Bohnenlaus ab.

Borretsch lockert schwere Böden. Er lockt durch die leuchtendblauen Blüten viele Nützlinge an und schützt Kohlpflanzen vor Schädlingen.

Dill fördert die Keimung der Saat von Möhren, Salat, Gurken, Zwiebeln und Roten Beten. Durch seine Wurzelausscheidungen hält er seine Nachbarpflanzen gesund. Von Kohl werden Schädlinge abgewehrt.

Kapuzinerkresse wirkt abwehrend gegen Raupen, Ameisen und Mäuse. Auf Obstbaumscheiben gepflanzt hält sie Blutläuse fern. Sie hat fördernde Wirkung auf Rosen, Tomaten und Stangenbohnen; Kartoffeln sollen, wenn zwischen ihnen Kapuzinerkresse wächst, sogar besser schmecken.

Kerbel schützt in Mischkultur mit Salat diesen vor Blattläusen und Mehltau.

Knoblauch verhindert Pilzerkrankungen, wenn man ihn zwischen Kartoffeln, Erdbeeren, Tomaten, Gurken, Salat, Schwarzwurzeln und Johannisbeeren pflanzt. Setzt man ihn neben Möhren, schützt er diese vor der Möhrenfliege.

Kümmel verbessert den Geschmack von Kartoffeln, Kohl und Gurken.

Majoran irritiert durch seinen Duft Schadinsekten. Besonders gut paßt er ins Zwiebelbeet.

Petersilie muß in jedem Jahr an einen anderen Platz gesät werden, sie verträgt ihre eigenen Wurzelausscheidungen nicht. Gute Nachbarn sind Tomaten (an den Rand säen), Zwiebeln und Rettiche.

Mehrjährige Kräuter

Estragon kann mit Liebstöckel in der Nähe gut gedeihen.

Lavendel vertreibt Ameisen im Garten, er schützt Rosen und andere Zierpflanzen vor Blattläusen. Vorsicht bei der Unterpflanzung unter Rosen: Wenn Lavendel zu stark gedüngt wird, verholzt er nicht und erfriert im Winter.

Liebstöckel vertreibt und irritiert durch seinen Duft viele Schadinsekten, man kann es aber nicht zu anderen Pflanzen setzen. Da man aber in der Küche relativ wenig von dem hocharomatischen Kraut braucht, kann man zwischen Kohl und Salat abgeschnittene Liebstöckeltriebe legen.

Melisse lockt Bienen an, sie eignet sich also gut zur Zwischenpflanzung im Obst- und Beerengarten.

Kräuter als Pflanzenschutz
Ameisen werden von Lavendel, Rainfarn, Majoran, Kapuzinerkresse vertrieben.
Blutläuse und Blattläuse werden von Lavendel, Bohnenkraut, Salbei, Thymian abgewehrt.
Gegen Erdflöhe helfen Pfefferminze sowie Wermut als Mulch.
Den Kohlweißling irritieren Dill, Salbei, Thymian, Rosmarin, Pfefferminze, Sellerie.
Mehltau wird durch Zwischenpflanzung von Knoblauch und Schnittlauch bekämpft.
Die Möhrenfliege lenken Salbei Knoblauch und Kresse ab.
Nematoden werden im Boden von Ringelblume und Tagetes vernichtet.

Pfefferminze hält durch ihren Duft den Kohlweißling vom Kohl fern. Als Randbepflanzung beim Tomatenbeet, das ja mehrere Jahre am selben Platz ist, wirkt sie aromafördernd.

Pimpinelle fördert durch ihre Wurzelausscheidungen das Wachstum vieler Pflanzen.

Rosmarin paßt in jedes Staudenbeet, mit seinem kräftigen Duft beschwört er Urlaubserinnerungen herauf – und lockt viele Nutzinsekten und Falter an.

Salbei wehrt durch seinen starken Duft Raupen, Läuse und sogar Schnecken ab. Er wird an alle vier Ecken eines Gemüsequartiers gepflanzt und wirkt dort ebenso dekorativ wie unter Rosen und anderen empfindlichen Zierpflanzen, vor allem, wenn man buntlaubige Sorten verwendet. Um frisch gesetzte Pflanzen herum kann man als Schneckenabwehr Salbeiblätter legen.

Schnittlauch verhindert den Befall mit Mehltau.

Thymian wirkt wie Salbei – da die Pflanze aber nicht so groß wird, kann man Beete mit ihm einfassen, vor allem solche, die mit schneckengefährdeten Kulturen bepflanzt werden sollen.

Wermut wirkt gegen den Säulchenrost bei Johannisbeeren, darf aber nicht direkt unter die Sträucher, sondern nur in die Nachbarschaft gesetzt werden, denn er hemmt das Wachstum. Geben Sie Wermut nicht auf den Kompost, er entfaltet auch nach der Rotte noch seine wuchshemmende Wirkung. Wo Erdflöhe auftreten, kann man – unbepflanzte – Beete mit Wermut mulchen.

Ysop wehrt Raupen und Läuse ab und ist eine gute Bienenweide.

Schöne Kräuterbeete

Wo genügend Platz im Garten ist, lohnt es sich, zusätzlich zu den Kräutern, die man in Mischkultur zu Nutz- und Zierpflanzen stellt, ein eigenes, dekoratives Kräuterbeet anzulegen. Denn so ein Beet hat viele Vorteile:

☐ Man findet auf den ersten Blick genau das Kraut, das man gerade in der Küche braucht.

☐ Zum Trocknen und Konservieren kann man hier ganz gezielt bestimmte Mengen verschiedener Kräutern anbauen.

☐ Mehr als in der Mischkultur kann man auf dem Kräuterbeet jedem Kraut genau das Milieu schaffen, das es braucht, um optimales Aroma zu entwickeln.

☐ Seltene oder ausgefallene Kräuter können hier gut gepflegt und beobachtet werden.

☐ Ein Kräuterbeet ist ein reizvoller Anblick und bietet ganze Wolken sommerlicher Düfte. Eigentlich ist es viel zu schade, um in den Gemüsegarten verbannt zu werden.

Auf den ersten Blick ein Durcheinander, auf den zweiten wohlgeordnet: Liebstöckel, Schnittlauch, Weinraute, Minzen auf einem Beet. Jedes Kraut nach seinen Bedürfnissen.

Das Kräuterbeet sollte immer in der Nähe der Küche sein, schließlich möchte man auch bei einem Sommerregen Schnittlauch ins Haus holen. Es sollte an einer exponiert warmen und sonnigen Stelle angelegt werden. Eine südliche oder westliche Hauswand zum Beispiel, die nachts noch Wärme abstrahlt, wäre ideal. Ein Trick: Legen Sie große Kieselsteine ins Kräuterbeet – sie nehmen nicht viel Platz weg, dienen aber in der Nacht als Heizung, weil sie noch stundenlang die gespeicherte Sonnenwärme abgeben.

Das quadratische Kräuterbeet

Am einfachsten läßt sich ein quadratisches oder rechteckiges Kräuterbeet anlegen. Es muß aber groß genug sein, denn mehrjährige Kräuter werden, wie gesagt, im Laufe der Jahre recht üppig.

Alle hohen Kräuter werden an die absonnige Seite gepflanzt, im Idealfall an den nördlichen Beetrand. So beschatten sie die niedrigeren Kräuter nicht, die ja auch ihr Quantum Sonne brauchen. Auf keinen Fall sollte man, so schön das aussehen mag, die hohen Kräuter um das Beet als Einfassung pflanzen. Innen im Beet gibt es dann zuwenig Sonne. Als Beetumrandung eignen sich niedrige Kräuter wie wilder Thymian (Quendel) oder nichtrankende Kapuzinerkresse.

Auf einem solchen Kräuterbeet kann es aussehen, als ob alles wild durcheinander wächst – aber es muß eine innere Ordnung herrschen. Die nährstoffliebenden Pflanzen und alle, die öfter gegossen werden müssen, stehen auf einem Platz zusammen; alle Kräuter, die gern kalkhaltigen Boden haben, bleiben unter sich, ebenso alle diejenigen, die am liebsten ganz trocken stehen. Die Übergänge im Boden können durchaus fließend sein – spätestens im zweiten Jahr weiß man aus Erfahrung, welches Kraut an der geplanten Stelle gedeiht und welches nicht.

Das Kräuter-Rondell

Ein rundes Kräuterbeet ist ein Blickfang im Ziergarten, kann aber auch Mittelpunkt eines Bauerngartens sein. Das Rondell wird am besten in vier Quartiere aufgeteilt: eines mit magerem, eines mit leicht gedüngtem, eines mit nährstoffreichem Boden und schließlich eines, in dem man bei magerem Boden öfter gießen muß. In die Mitte stellt man die »Großen« und – wenn man Platz genug hat – eine schöne, altmodische Hochstammrose. Die vier Segmente können mit Trittsteinen abgeteilt werden, damit man das Beet leicht bearbeiten kann. Eine hübsche Umrandung kann aus kleinbleibenden Kräutern oder niedrigen Blumenkissen gestaltet werden.

Vier Quartiere für Kräuter mit unterschiedlichen Ansprüchen. Nach diesem Schema kann man ein rundes oder ein quadratisches Beet anlegen.

Das Kräuter-Hochbeet

Nicht immer ist im Garten Platz für ein Kräuterbeet und nicht immer hat man den idealen Boden dafür. Dann bietet sich als Lösung ein Hochbeet an. Wenn es hoch genug ist, kann es in einem gepflasterten Hof stehen oder sogar auf der Terrasse. Ein solches Kräuter-Hochbeet kann aus Palisaden, dicken Bohlen, Ziegelsteinen oder Sandsteinen von Abbruchhäusern gebaut werden. Wichtig ist nur, daß unten das Wasser ablaufen kann, sonst hat man nach längeren Regenfällen einen Sumpf statt des warmen, lockeren Bodens im Kräuterkasten. Unten in das Hochbeet schüttet man eine Schicht groben Kies, darauf gibt man ca. 10 cm Erde, dann zerschnittene, grobe Gartenabfälle und darauf eine Mischung von Kompost und Sand. Auch auf dem Hochbeet werden die großen Pflanzen so gesetzt, daß sie die anderen Kräuter nicht beschatten. Sehr hübsch sieht es aus, wenn Monatserdbeeren an den Seiten herunterranken, auch einige hübsche Farbflecke von Zierpflanzen wie Ringelblume, Fingerhut, Malve oder Johanniskraut machen sich hier gut. Geschickte Heimwerker können ein solches Hochbeet auch als Eingrenzung des Sitzplatzes bauen, es ist dann schmaler und geht um die Ecke. Bepflanzt wird hier mit besonders duftenden Kräutern.

Die Kräuterspirale aus Feldsteinen ist ein schöner Blickfang in jedem Garten und bietet viel Platz für Küchenkräuter aller Art.

Die Kräuterspirale

Wo man nur wenig Platz im Garten hat, ist eine dekorative Kräuterspirale Blickfang und Kräuterbeet zugleich. In dieser Spirale kann man leicht die unterschiedlichsten Standortansprüche der Kräuter erfüllen. Für die Spirale baut man aus Ziegelsteinen, besser noch aus Bruchsteinen, eine spiralförmige Trockenmauer (also ohne Mörtel) nach dem Prinzip eines Schneckenhauses. Unten läuft die Spirale flach aus, in der Mitte sollte sie nicht höher als 80 cm sein. In das Innere füllt man unten groben Kies oder Schotter, darauf kommt ein mageres Gemisch aus Erde, Kompost und Sand. Im obersten Teil sollte die Erde besonders mager sein (also nochmals Sand untermischen), hier stehen die sonnenhungrigen Pflanzen aus dem Süden. In kühleren Landstrichen läßt man sie im Topf, den man hinter dem Mäuerchen nicht sieht. Im Herbst kommen die empfindlichen Kräuter dann ins Haus oder ins Kleingewächshaus. Im flachen Teil der Spirale reichert man die Erde mit mehr Kompost an für Pflanzen, die mehr Nährstoffe brauchen. Am Ende der Spirale kann man sogar eine kleine Plastikwanne eingraben, als Miniteich für die Brunnenkresse. Auf dieser Spirale finden alle Kräuter, was sie brauchen: die sonnenhungrigen Licht und Wärme, alle, die lieber im Halbschatten stehen, an der Rückseite Schutz vor zuviel Sonne und jedes Kraut Nährstoffe nach seinen Bedürfnissen.

Extra-Tips für Balkon und Terrasse

Da Küchenkräuter nicht sehr anspruchsvoll sind, kann man sie leicht auf einem Balkon in Töpfen und Kästen ziehen. Die

Pflanzen werden in den Gefäßen zwar nicht immer so groß wie im Garten, aber sie entfalten ihr Aroma hier genauso üppig. Und auch dem Balkon bekommt eine duftende Kräutersammlung. Nirgendwo kann man sich nach einem arbeitsreichen Tag besser entspannen, als umgeben von allen Wohlgerüchen des Südens.

Auch eine Terrasse bietet viele Möglichkeiten, Kräuter in Kübeln und Töpfen anzupflanzen. Bei einem Standort zwischen südlichen Kübelpflanzen vervollständigen die duftenden Kräuter nicht nur die Urlaubs-Illusion, sie verhindern auch in vielen Fällen, daß die Kübelpflanzen von Schädlingen befallen werden. Eine Reihe von schönen Terrakotta-Töpfen mit Rosmarin, Salbei und Lavendel kann außerdem ebenso attraktiv sein wie eine Gruppe Blütenpflanzen. Terrassen sind oft etwas erhöht zum Grundstück angelegt, das Auffüllmaterial ist durchlässig und trocken, also ideal für fast alle Kräuter. Legt man auf der Böschung zur Terrasse einen Steingarten an, fühlen sich darin alle mediterranen Kräuter wohl, und sie passen gut zu den Steingartenpflanzen, mit denen sie ja in ihrer ursprünglichen Heimat auch oft zusammenstehen.

Gefäße und Erden

Kräuter auf Balkon und Terrasse sollte man, wenn möglich, in Tontöpfen ziehen. Durch die porösen Wände dieser Töpfe verdunstet Wasser, es kommt niemals zu Staunässe, die für Kräuter tödlich ist. Kräuter stehen nun mal gerne warm und trocken – der Tontopf ist deshalb viel besser geeignet als ein Plastiktopf. Auch sollten die Töpfe und Kästen nicht zu klein sein – schließlich möchte man von den Küchenkräutern auf dem Balkon auch ernten können. Ein Durchmesser von 20 cm ist bei ausreichender Tiefe die Mindestgröße. Lediglich flachwurzelnde Pflanzen wie Basilikum, Petersilie oder Thymian können in Blumenschalen gesetzt werden.

Die Erde in Töpfen und Kübeln muß natürlich den Ansprüchen der Kräuter entsprechen. Spezielle Kräutererde gibt es aber nicht zu kaufen. Also mischt man selbst:

Mageres Substrat: $^1/_3$ nährstoffarme Blumenerde (TKS 1), $^1/_3$ Kompost und $^1/_3$ Sand.

Halbmageres Substrat: $^1/_3$ nährstoffreiche Blumenerde (TKS 2), $^1/_3$ Kompost und etwas Sand.

Nährstoffreiches Substrat: $^2/_3$ Kompost und $^1/_3$ Garten- oder Blumenerde.

Tip: Wer Maulwurfserde verwenden will, die ja vom Maulwurf schon sehr fein zerkrümelt wurde, sollte daran denken, daß diese Erde sehr nährstoffarm ist, da sie ja aus recht tiefen Bodenschichten kommt. Dafür ist sie aber auch absolut frei von Unkrautsamen.

Mischkultur in Töpfen

Auch auf dem Balkon kann man ein richtiges Kräuterbeet anlegen, am besten in einem hölzernen Kasten, den man auf Rollen stellt. So können die Kräuter immer an die wärmste Stelle gerollt werden – und aus dem Weg, wenn mal eine Party steigt. Kräuter kann man auch in Blumenkästen entlang der Hauswand in ein Regal stellen – hier haben sie es schön warm, auch in der Nacht strahlt die Wand noch Wärme ab. Außerdem haben sie hier genügend Licht und stehen nicht im Wege. Im zeitigen Frühjahr kann so ein Regal mit Folie verkleidet werden; so entsteht ein kleines Gewächshaus, in dem man Jungpflanzen ziehen kann.

Ampeln eignen sich für Kräuter nur, wenn sie nicht im Durchzug hängen. Kräuter mögen in aller Regel keinen Wind, schon gar keinen Zug.

Bis auf die Kräuter, die sich nicht vertragen, kann man alle Arten zusammen in Kästen oder Kübel setzen, so lange das Substrat stimmt. Nährstoffreiche Kräuter gehören zusammen, ebenso solche, die gerne sehr trocken stehen oder solche, die nicht gedüngt werden sollten (siehe Tabelle »Der Nährstoffbedarf«).

Mischkultur mit Balkonblumen

Nur selten wird man Kräuter allein auf dem Balkon oder der Terrasse ziehen. Hier spielen immer blühende Pflanzen die Hauptrolle. Sie sind aber besonders anfällig gegen vielerlei Schädlinge, weil es ja auf dem Balkon, vor allem wenn er sich mitten in der Stadt befindet, so gut wie keine Nützlinge gibt. Und auch, weil die Balkonblumen oft so eng gepflanzt sind, daß sich zum Beispiel Blattläuse stark ausbreiten können. Da können Küchenkräuter außerordentlich hilfreich sein. Auch hier einige Beispiele:

☐ Gegen Blattläuse, die viele Kübelpflanzen befallen, stellt man Töpfe mit Lavendel, Rosmarin, Salbei oder Thymian zwischen den Pflanzen auf.

☐ Die Verlausung der Petunien läßt sich verhindern, wenn man in die Kästen oder den Kübel eine kleine Thymianpflanze stellt.

☐ Bohnenkraut hält schwarze Läuse von den Pflanzen fern. Bei Blütenpflanzen, die täglich gegossen werden müssen, sollte man das Bohnenkraut in einem kleinen Topf dazustellen, aber nicht direkt ins Substrat der Blumen pflanzen.

☐ Dill kann man zwischen alle Kräuter säen – eigenartigerweise gelingt es nur selten, ihn in dem Topf zu kultivieren, den sich der Balkongärtner aussucht. »Dill macht was er will« ist ein altes Sprichwort – sät man ihn auch zu verschiedenen anderen Pflanzen, er wird doch irgendwo wachsen, wo es ihm gefällt. Dill braucht aber einen tiefen Topf.

☐ Ein großer Topf mit Liebstöckel, den man zwischen die Balkonblumen stellt, hält fast alle Schädlinge fern.

Die Kräuterkiste für den Balkon

Eine Kräuterkiste für den Balkon kann man selber bauen. Stellt man die Kiste auf Möbelrollen, läßt sie sich nach Bedarf verschieben. Auf einem kleinen Balkon füllt man mit einer dreieckigen Kräuterkiste eine sonnige Ecke, das spart eine Menge Platz. Die Kiste darf nicht zu klein sein, die Kräuter brauchen Platz. Für fünf Pflanzen sollte die Seitenlänge ca. 50 cm, die Tiefe 40 cm betragen. Am besten baut man die Kräuterkiste aus Hartholz (Eiche, Buche, Schwarzerle), weiches Holz (Tanne, Kiefer) fault schnell. Gehobelte Bretter gibt es im Baumarkt oder beim Schreiner, hier kann man sie oft sogar schon zurechtschneiden lassen. In das Bodenbrett müssen ausreichend Abzugslöcher gebohrt werden, kleidet man den Boden mit Zinkblech aus, muß auch das Blech mit Löchern versehen

Eine Kräuterkiste auf Rädern, das ideale Kräuterbeet für Balkon und Terrasse. Dreieckige Formen können platzsparend in eine sonnige Ecke gestellt werden.

werden. Die Seitenteile werden mit Falz zugeschnitten und verleimt, Boden und Blendleisten mit Holzdübeln verzapft oder – das ist stabiler – mit Winkeleisen und Messingschrauben zusammengefügt. Normale Schrauben und Nägel würden schnell rosten. Um das Holz zu schonen, kann man es innen mit Silikon ausstreichen oder mit Folie verkleiden (dabei auf jeden Fall das Bodenbrett ausnehmen). Werden keine Rollen angebracht, muß die Kiste auf Leisten oder kleine »Füße« gestellt werden, damit sie von unten belüftet wird und nicht fault. Hartholz braucht eigentlich nicht mit Holzschutzmitteln behandelt werden, wenn, dann nur mit ungiftigen Holzschutzmitteln. Auch Pflanzen sind empfindlich gegen die giftigen Inhaltsstoffe von Holzschutzmitteln und gedeihen nicht in ihrer Nähe.

Das Kräuterfaß

Dekorativ ist auch eine Kräutertonne nach dem Vorbild der Erdbeerfässer. Im Handel sind hübsche Keramikgefäße mit seitlichen Ausbuchtungen. Man kann aber auch in die Wände eines mit Erde gefüllten Plastikfasses 15 cm große kreisrunde Öffnungen schneiden und dahinein Kräuter setzen. Abzugslöcher im Boden und ein Kern aus grobem Kies in der Mitte der Tonne verhindern Staunässe.

Mischkultur im Ziergarten

Schönheit und Harmonie soll ein Garten ausstrahlen. Vom Frühling bis in den Herbst hinein ist Blütenpracht erwünscht. Kein Problem: Die Auswahl an Sommerblumen und blühenden Stauden, an Ziersträuchern und -bäumen ist fast unerschöpflich. Der Phantasie des Gärtners sind keine Grenzen gesetzt. Grenzen setzen allenfalls Schnecken, Läuse und andere Schädlinge. Gegen sie hilft auch im Ziergarten Mischkultur.

Im Ziergarten kann man nützliche Pflanzenfreundschaften pflegen: hier Iris und Ziersalbei.

Mischkultur statt Kunstdünger und Pestizide

Die Zeiten, in denen man stramme Reihen von Tulpen an den Rand eines makellosen Rasens setzte, Rosen in abgezirkelten Rabatten hielt, sind lange vorbei. Der bunte, naturnahe Garten mit einer großen Vielfalt von blühenden Pflanzen hat sich wieder durchgesetzt. Und den meisten Gartenbesitzern ist klar, daß sie weder sich noch den Pflanzen einen Gefallen tun, wenn sie mit der chemischen Keule gegen Schädlinge vorgehen, die auch aus dem Blumengarten nicht ausgesperrt werden können. Das heißt aber noch lange nicht, daß man Blattläusen, Wühlmäusen und Co. kampflos das Feld überläßt. Auch im Ziergarten kann man mit einer ausgeklügelten Mischung von Pflanzen, die sich gegenseitig schützen und nützen, Schädlinge vertreiben, Nützlinge anlocken und Krankheiten vorbeugen.

Es ist kein Wunder, wenn im Ziergarten mehr Probleme auftauchen als im Gemüsegarten. Im Nutzgarten, wo man jedes Jahr die Beete neu bearbeitet und mit Nährstoffen versorgt, bevor man sie bepflanzt, wo Fruchtfolge und Kulturfolgen den Boden fruchtbar machen und fruchtbar erhalten, kann der Gärtner auf biologische Weise viel besser eingreifen als im Ziergarten, wo Stauden und Gehölze über Jahre am selben Platz stehen. Weil bei einer Dauerbepflanzung der Boden nicht so intensiv gepflegt werden kann, greifen viele Gartenbesitzer in den Kunstdüngersack, versorgen die Pflanzen mit schnellwirkendem, stickstoffbetontem Dünger, der zwar im Augenblick positiv wirkt, auf Dauer aber den Boden auslaugt. Besser als solch eine einseitige Ernährung ist auch im Ziergarten die Mischkultur, weil sie der einseitigen Ausbeutung des Bodens vorbeugt.

Pflanzenromanzen mit Happy-End

Gerade in den bunten Gärten mit ihrer Vielfalt an blühenden Pflanzen und in sogenannten Naturgärten wird schon aus optischen Gründen keine Monokultur betrieben. Denn die empfindet man heute als langweilig. In den meisten Gärten stehen auf den Rabatten die unterschiedlichsten Pflanzen zusammen – ausgewählt natürlich nach Form und Farbe. Schon durch diese Mischkultur aus Gründen der Optik wird der Boden nicht einseitig ausgebeutet. Man kann aber noch mehr tun, indem man gezielt Pflanzen zusammensetzt, die sich gegenseitig durch ihre Wurzelausscheidungen fördern, Kräuter zwischen die bunten Stauden und Sommerblüher pflanzt, die dem Boden helfen, sich zu regenerieren, und die auch noch Schädlinge fern halten. Das sind manchmal recht ungewöhnliche Mischungen, die aber optisch durchaus einen Reiz haben. Ein Beispiel: Wenn im Frühjahr unter die Rosen Spinat gesät wird, den man später abmäht und als Mulch liegen läßt, verhindert man dadurch die gefürchtete Chlorose, das Vergilben der Blätter. Denn Spinat macht den Eisengehalt im Boden für die Rosenpflanze verfügbar. Die tiefgrünen Blätter des Spinat unter den Rosensträuchern oder Hochstämmchen sehen zudem viel besser aus als nackte Erde. Auch Knoblauch, den man zwischen die Zierpflanzen steckt, hat heilsame Wirkungen auf einen ausgelaugten Boden – auch wenn die Kombination von Blumen und Knoblauch fürs Auge erst mal gewöhnungsbedürftig ist.

Pflanzen haben Lieblingsplätze

Ist der Boden gesund, sind auch die Pflanzen gesund. Und gesunde Pflanzen werden lange nicht so oft und massiv von Schädlingen befallen.

Im Gemüsegarten bekommen die Pflanzen immer den Platz, an dem sie optimal gedeihen. Im Ziergarten aber kommt es in erster Linie darauf an, daß sich die Pflanze dekorativ präsentiert – und das ist nicht immer an dem Platz möglich, den sie sich selbst ausgesucht hätte. Ein Beispiel: Rosen werden mit Vorliebe dort angepflanzt, wo sie ins Auge fallen, also an einem exponierten, sonnigen Standort. Dabei sind Rosen Waldpflanzen, die viel besser im Halbschatten gedeihen und zudem noch eine Unterpflanzung lieben. Kein Wunder also, wenn die Rosen in der prallen Sonne leiden und anfällig für Mehltau und andere Krankheiten werden.

Fleißige Lieschen (*Impatiens*) sehen als Randbepflanzung um den Rasen oder um ein ganz besonderes Blütenbeet, sehr gut aus – aber besser gedeihen sie im Schatten oder Halbschatten.

Die Großen und die Kleinen

Wenn sich auch im Ziergarten fast alle Pflanzen miteinander vertragen, sollte man doch die Bedürfnisse der Pflanzen berücksichtigen, wenn man sie zueinander pflanzt. Pflanzen, die schnell wachsen und groß werden, nehmen den »Kleinen« Nahrung und Platz weg, bis diese kümmern und schlimmstenfalls eingehen. Die endgültige Größe einer Pflanze sollte also von Anfang an berücksichtigt werden, wenn man unterschiedliche Arten zusammenstellt.

Ein Beispiel: Dahlien können sehr groß werden, sie brauchen viel Platz, auch unter der Erde. Pflanzt man also im Frühjahr, wenn die Dahlien gerade die ersten Blättchen zeigen, Sommerblumen daneben, werden diese, noch bevor sie zum Blühen kommen vollständig unterdrückt. Besser ist es, die Dahlien als Leitpflanzen in die Mitte einer Rabatte zu setzen und die kleineren Blumen – etwa Glockenblumen, Iris, Nelken usw. – als eine Art Beeteinfassung an den Rand. Eine andere Lösung: Auf dem Dahlienbeet blühen im Frühjahr allerei Zwiebelblumen; wenn die Dahlien dann groß werden, ziehen die Zwiebeln ein, und die Dahlien dominieren. Ist das Dahlienbeet von niedrigem Thymian umrahmt, verschonen die Schnecken die zarten neuen Blätter.

Nährstoffe und Wasser

Zierpflanzen haben die unterschiedlichsten Ansprüche an Boden und Nährstoffe. Die muß man bei der Mischkultur berücksichtigen. Neben Pflanzen, die ausgesprochen sauren Boden brauchen (Azaleen, Erika, Rhododendren, Lilien) können keine Pflanzen gedeihen, die kalkreichen Böden benötigen (Pfingstrosen, Tränendes Herz). Pflanzen, die sich nur auf nährstoffreichen Böden optimal entwickeln (Rosen, Akanthus, Tagetes), sind nicht die richtigen Nachbarn für Pflanzen, die gerne in sandigem oder zumindest magerem Boden stehen (Lichtnelken, Lavendel). Wenn, wie bei Rosen und Lavendel, die Mischkultur beiden viel Nutzen bringt, macht man sich die Mühe und mischt im Pflanzloch des Lavendels in einem nährstoffreichen Beet den Boden kräftig mit Sand oder Kies.

Es gibt Pflanzen, die sehr viel Wasser brauchen (Hortensien, Bambus). In ihre Nachbarschaft sollte man nur solche Pflanzen setzen, die eher anspruchslos sind, denn die durstigen Pflanzen nehmen den Nachbarn alles erreichbare Wasser weg.

Zierpflanzen haben keine Abwehrkraft

Während man im Nutzgarten viel über gute und schlechte Nachbarn weiß, gibt es erst wenige fundierte Erkenntnisse über die Verträglichkeit von Zierpflanzen mit benachbarten Pflanzen. Man muß sich auf die praktischen Erfahrungen von Gartenfreunden verlassen. Erste Erfahrungen hat man dabei schon in den alten Bauerngärten gesammelt, wo man mit dem Platz sparsam umgehen mußte und die Bäuerinnen dennoch eine Vielfalt an Blumen und Heilpflanzen hegten und pflegten. Die wichtigste Erfahrung war, daß vor allem Heilpflanzen die Zierpflanzen schützen. Denn die Zuchtformen der meisten Zierpflanzen, von der Tulpe bis zur Rose, haben zugunsten von Schönheit, Größe und Farbe ihren Duft und ihre Heilkraft verloren. Sie schaden einander nicht – sie geben ja keine oder nur wenige Phytonzide ab – aber sie können auch keine Schädlinge wechselseitig abwehren. Das kann der geschickte und erfahrene Gärtner durch Heilpflanzen ausgleichen.

Ringelblumen vertreiben Nematoden und halten den Boden locker und im Gleichgewicht. Dasselbe gilt für Tagetes, die mit ihrem Duft auch noch Schädlinge abwehren. Borretsch setzt mit seinen leuchtendblauen Blüten nicht nur kräftige Akzente in der Blütenrabatte, er lockert mit seinen Wurzeln den Boden und lockt mit den Blüten Bienen und andere Nützlinge an. Pfefferminze wehrt Erdflöhe ab, Ameisen werden durch Thymian und Majoran vertrieben. Rainfarn vertreibt viele Schädlinge, wenn man ihn an den Sitzplatz pflanzt, auch die lästigen Fliegen.

Den Boden bedecken

Im zeitigen Frühjahr wirkt ein Ziergarten oft noch etwas kahl, und der Boden ist ungeschützt, solange die Stauden und Sommerblüher nicht zur vollen Größe herangewachsen sind. Ungeschützer Boden aber trocknet leicht aus, wird von schweren Regenfällen verdichtet – außerdem kann sich hier Unkraut ausbreiten. Unter- und Zwischensaaten verhindern das, heilsame und

Auch in Töpfen und Kübeln läßt sich Mischkultur betreiben. Durch intensive Düfte - hier von Pelargonien - werden Schädlinge abgewehrt.

tiefwurzelnde Begleitpflanzen lockern und schützen den Boden. Der Vergleich mit der Gründüngung im Gemüsegarten ist angebracht – man kann auch dieselben Pflanzenarten verwenden.

Ab März kann man überall dort, wo der Boden nackt daliegt, etwa zwischen Rosen und sommerblühenden Stauden, unter kleinen Sträuchern und auf Rabatten, wo man die Sommerblumen erst im Mai auspflanzt, Senf, Spinat oder Bienenfreund (*Phacelia*) aussäen. Letztere ist mit ihren blauen Blüten und den fiedrigen Blättchen eine sehr dekorative Gründüngungspflanze, die man ruhig bis nach der Blüte in den Blumenrabatten stehen lassen kann. Wo sich viel Unkraut breitmachen will, sät man als Vorsaat Kapuzinerkresse aus. Sie ist vor allem unter hohen Stauden und Gehölzen schön und gesund zugleich, also etwa unter Rosenhochstämmchen, Flieder, auch unter Clematis und anderen Kletterpflanzen. Wo große Pflanzen viel Schatten geben, gedeihen allerdings die meisten Untersaaten nicht besonders gut – hier ist als Pflanze der Wahl aber das hübsche Immergrün besonders gut geeignet.

Pflanzenromanzen mit Rosen

Rosen sind die beliebtesten Zierpflanzen; kaum ein Garten, in dem sie nicht stehen. Sie sind aber auch die Sorgenkinder des Gärtners, denn sie zeigen sich leider allzu anfällig für Mehltau, Rost, Blattläuse, Zikaden, Raupen und vieles andere mehr. Wer also nicht mindestens einmal in der Woche mit der Giftspritze hantieren will, dem bleiben nur kahle Rosenbüsche – oder die Mischkultur mit Heilpflanzen. Und davon gibt es eine ganze Menge, die Rosen gesund und schädlingsfrei halten.

Lavendel, Salbei und Rosmarin bieten Schutz gegen viele Schädlinge. Sie vertreiben vor allem die Ameisen, die ihre Blattlauskulturen auf den Rosen anlegen, irritieren aber auch Schmetterlinge, deren Raupen die Blätter abfressen. Diese drei Heilkräuter passen zudem auch optisch hervorragend ins Rosenbeet. Nur: Während Rosen gern in lehmigem Boden stehen, mögen die drei Heilkräuter eher leichten, Lavendel sogar sandigen, Boden. Man wird die Heilkräuter also in einem gewissen Abstand von den Rosen pflanzen und ihren Standplatz entsprechend »mager« machen. Ausgesprochen romantisch wirkt eine Rosenrabatte, die mit Lavendel als Beeteinfassung umpflanzt ist. Und der Schutz durch den Lavendel ist derselbe wie bei einer direkten Nachbarschaft. Kapuzinerkresse hält die Läuse von den Rosen ab, und durch ihre Wurzelausscheidungen bleibt der Boden gesund.

Die hohen und starkriechenden Formen der Studentenblumen (*Tagetes*) vernichten durch Wurzelauscheidungen Nematoden im Boden, die oft der Grund dafür sind, daß Rosen kümmern. Auch oberirdisch bleiben die Schädlinge dem strengen Duft der Tagetes lieber fern. Dabei sieht die Mischung von Rosen und hohen Tagetes bezaubernd aus.

Im zeitigen Frühjahr, wenn die Rosen noch fast im Winterschlaf sind, blühen unter ihnen schon Narzissen. Sie halten Wühlmäuse fern und bedecken den Boden. Tulpen dagegen locken die Wühlmäuse an, die sich dann auch an den Rosenwurzeln gütlich tun.

Spinat, der unter die Rosen gesät wird, schließt das Eisen im Boden auf. So läßt sich Chlorose in den meisten Fällen vermeiden

Knoblauch hält den Boden und die Pflanze gesund. Allerdings sollte man pro Rosenpflanze schon bis zu fünf Knoblauchzehen in den Boden stecken. Es wird sogar behauptet, daß Knoblauch von den Rosen gefördert wird und man in Rosenrabatten besonders dicke Knoblauchknollen ernten kann.

Ringelblumen im Rosenbeet sorgen für ein gesundes Gleichgewicht im Boden; läßt man sie stehen bis sie verblühen, säen sie sich selbst aus und kommen Jahr für Jahr wieder.

Pflanzenfreundschaften

Erfahrungsgemäß vertragen sich auf einem Beet Phlox, Rittersporn (*Delphinium*), Eisenhut (*Aconitum*) und Margeriten besonders gut. Wird dieses Beet mit Thymian, Ysop und Lavendel umpflanzt, gedeihen die prächtigen Stauden noch besser.

Gute Pflanzenfreundschaften zu allen Blütenpflanzen halten Lilien. Sie mögen einen »schattigen Fuß«, deshalb gedeihen sie in allen Staudenrabatten besonders gut. Auch zwischen niedrigen Buschrosen entwickeln sie sich sehr gut – und die Mischung aus Rosen und Lilien ist ganz besonders dekorativ. Allerdings werden Lilien in bestimmten Gegenden vom Lilienhähnchen, einem Käfer, geschädigt. Den kann man überlisten: Pflanzt man zu den Lilien Kaiserkronen (*Fritillaria imperialis*), so wechseln die Käfer in die verwelkenden Stengel dieser attraktiven Pflanze über, um dort ihre Eier abzulegen. Nimmt man die verwelkte Kaiserkrone aus dem Beet und entsorgt sie in der Mülltonne, sind auch die Lilienhähnchen verschwunden – wenigstens für eine gewisse Zeit. Einjährige Sommerblumen sind im Ziergarten ein bunter Blickfang – aber viele von ihnen sind auch die

Lieblingsspeisen von Schnecken (Dahlien, Astern). Umpflanzt man das Beet mit niedrigem Quendel (*Thymus serpyllum*), so hält er die Schnecken zuverlässig vom Beet fern.

Zwischen Sommerblumen und Stauden passen von Form und Farbe her alle Formen der Malve. Doch nicht nur Schönheit spielt eine Rolle, Malven sind kräftige Abwehrpflanzen gegen Schadinsekten. Auch der Ziertabak vertreibt mit seinem süßen Duft viele Schädlinge. Der Rote Fingerhut (*Digitalis purpurea*) fördert das Wachstum – aber er ist giftig; wo Kinder im Garten spielen, sollte man auf ihn verzichten. Vergißmeinnicht sind dekorative Blütenpolster, die unter alle Stauden und an die Beetränder passen. Sie unterdrücken das Unkraut und sind abgeblüht leicht aus dem Boden zu nehmen.

Wo Wühlmäuse zum Problem werden, kann man die Beete, besser noch den ganzen Garten, mit Sonnenblumen säumen. Auf den Rabatten halten Narzissen die Nager ab, die sonst in kürzester Frist sogar kleine Bäume entwurzeln können. Auch die Kaiserkrone soll Wühlmäuse abhalten. Sicherer aber hilft gegen Wühlmäuse Molke oder Buttermilch, die man in die Gänge gießt. Wer unbedingt Tulpen im Garten möchte, unterpflanzt sie mit Traubenhyazinthen – diese halten die Wühlmäuse von den Tulpenzwiebeln fern. Auch Narzissen schrecken Wühlmäuse ab.

Gute Freunde

Kletterpflanzen und Bäume können gute Freunde werden. Es sieht wirklich bezaubernd aus, wenn sich eine Kletterrose durch die Äste einer Kiefer rankt oder wenn eine zierliche Clematis einen Baum gleichsam zum Erblühen bringt. Die »Mischkultur« Baum und Kletterpflanze kann in Wäldern oft beobachtet werden – warum sollte man sie im Garten nicht nachahmen!

Natürlich wird man keinem tragenden Obstbaum eine Kletterpflanze zugesellen – die Ranken wären bei der Ernte im Weg. Auch ganz junge Bäume läßt man besser für sich stehen, bis sie ausgewachsen sind.

Blühende Freundschaft mit Bäumen

Als Gesellschaft zu Bäumen sollte man nur Kletterer pflanzen, die auch im Halbschatten gedeihen und die nicht allzu groß und schwer werden. Knöterich kann einen Baum völlig überwuchern und mit dem Gewicht seiner Blattmasse sogar Äste abbrechen. Die Glyzine, auch Blauregen genannt, aber erwürgt im Laufe der Jahre einen Baum. Efeu macht einen Baum dagegen wintergrün. Der immergrüne Kletterer wächst zwar langsam – etwa 1 m pro Jahr – aber er verträgt den Schatten in der Baumkrone.

Alle Arten der Clematis, auch die wilde Waldrebe, können mit Bäumen zusammengepflanzt werden. Die großblumigen Arten wachsen nicht so üppig, können aber einen Baum im Frühsommer in wahre Blütenwolken hüllen. Für größere Bäume eignet sich die »Wilde« Waldrebe (*Clematis vitalba*), im Herbst und Winter schmücken die fedrigen Fruchtstände dieser »wilden« Clematis-Art die kahlen Zweige. Auch die Kletterhortensie eignet sich als Partner für einen großen Baum.

Geißblatt und Hopfen sind anspruchslose Partner. Kletterrosen passen eher zu Bäumen mit lichten Kronen oder zu Koniferen.

Wenn zu einem Baum eine Kletterpflanze gesetzt wird, muß man sie in den ersten Jahren aufleiten – das heißt, die Triebe werden mit weichen Schnüren (Nylonstrumpf) am Stamm hochgeleitet, bis sie sich in den Ästen ausbreiten können. Nur beim Efeu ist das nicht notwendig. Und nicht zu vergessen: Kletterpflanzen müssen – anders als die Bäume mit ihren großen und weitreichenden Wurzeln – in Trockenzeiten regelmäßig gewässert werden.

Extra-Tips für Balkon und Terrasse

Balkone und Terrassen sind Blumengärten in Kübeln, Töpfen und Kästen. Mischkultur ist schon durch die Vielfalt der verschiedenen Pflanzen gegeben. Doch leider wird oft zuviel des Guten getan. Immer wieder liest man – begleitet von üppigen Bildern – Empfehlungen, wie man mehrere verschiedene Balkonblumen im Kasten mischt. Berücksichtigt wird dabei leider nicht, daß in einem Blumenkasten nur eine begrenzte Menge Substrat zur Verfügung steht. Setzt man in einen Kasten von 80 cm Länge sechs bis acht verschiedene Balkonblumen, dann sieht das im Moment der Pflanzung sehr gut aus. Im Laufe des Sommers aber wachsen die Pflanzen, sie sind sich gegenseitig Nahrungs- und Licht-Konkurrenz, und die Hälfte von ihnen (wenn nicht alle) kümmert oder geht sogar ein. Mit der Faustregel, daß in einem normalen Blumenkasten pro 20 cm eine Pflanze Platz hat, fährt man besser. Auch mit wenigen Pflanzen kann man hübsche Kombinationen schaffen. Und wenn man dann noch solche Pflanzen zusammensetzt, die sich gegenseitig helfen, die Schädlinge vom Leibe zu halten – umso besser.

Petunien zum Beispiel verlausen gerne, wenn sie nicht luftig genug stehen. Pflanzt man etwas Bohnenkraut dazwischen oder einen kleinen Lavendelstock, schreckt das die Läuse ab.

Majoran verhindert, wenn man ihn zu großen Kübelpflanzen setzt, daß sich Ameisen im Substrat einfinden. Vor allem bei Pflanzen, die in Kübeln im Haus überwintern, ist das wichtig.

Knoblauch wirkt gegen Pilzinfektionen und vertreibt Bodenschädlinge aus den Kübeln großer Pflanzen. Wenn unter Rosen im Kübel, Oleander oder Citruspflanzen einige Knoblauchzehen gesteckt werden, bleiben die Pflanzen gesund, der Dickmaulrüßler und andere Schädlinge vermehren sich nicht in einem solchen Substrat.

Auch Thymian ist eine gute Begleitpflanze zu allen Balkon- und Kübelpflanzen, die anfällig für Mehltau und andere Pilzerkrankungen sind.

Zur Abwehr von Nematoden im Boden pflanzt man zwischen Balkonblumen und auf den Fuß von gefährdeten Kübelpflanzen Tagetes und Ringelblumen – wenn sie farblich dazupassen.

Viele starkduftende Pflanzen irritieren Schädlinge, so daß sie sich auf dem Balkon gar nicht erst einfinden. Dazu gehören Duftpelargonien mit den verschiedenen Aromen – am stärksten duftet die mit Zitronenduft. Dazu gehört auch Salbei; auf dem Balkon sind Bunter Salbei (*Salvia tricolor*) oder Muskatellersalbei (*Salvia sclarea*) besonders schön.

Sehr stark duften auch die weißgrünen Blätter des Harfenstrauches (*Plectranthus*), der deshalb überall dort zwischen die Balkonblumen gepflanzt wird, wo sich Blattläuse gern ansiedeln. Der Harfenstrauch vertreibt auch Ameisen aus Kübelpflanzen.

Unterpflanzungen von rankender Kapuzinerkresse (*Tropaeolum majus*) unter Hochstämmchen verstecken nicht nur einen unscheinbaren Pflanztrog hinter ihren Blättern und Blüten, diese Pflanzen ziehen auch schwarze Läuse von den Kübelpflanzen ab und auf sich (dann müssen allerdings die befallenen Triebe immer wieder abgeknipst werden). Außerdem verbessert die Kapuzinerkresse den Zustand des Substrats in Kübeln, in denen man nicht in jedem Jahr die Erde austauschen kann.

Nützlinge finden sich auf Balkonen und Terrassen oft nicht von selbst ein; Ringelblume, Trichterwinde, Borretsch (macht sich gut als Balkonpflanze) und Goldlack aber locken Schwebfliegen an, die sehr fleißig im Vertilgen von Blattläusen sind.

Schöne Pflanzenmischungen

Es war schon die Rede davon, daß man Balkonkästen und Kübel nicht zu dicht bepflanzen sollte. Wenn die Pflanzen für die Ausbreitung der Wurzeln keinen Platz haben, kümmern sie. Großzügige Bepflanzung schließt aber nicht aus, daß man die verschiedensten Balkonblumen mischt.

Einige Beispiele: Im Herbst werden in einen Kasten die Zwiebeln von Narzissen, Hyazinthen, Traubenhyazinthen oder Krokussen gesteckt. Im zeitigen Frühjahr treiben die Zwiebelpflanzen aus und blühen wunderschön. Noch während der Blüte, setzt man die Jungpflanzen von Balkonblumen dazwischen, Begonien, Pelargonien, Pantoffelblumen – ganz nach Geschmack. Bis zur Blüte der Balkonblumen haben die Zwiebeln das Laub schon eingezogen. Man kann die Zwiebeln den Sommer über im Kasten lassen.

Rote Pelargonien und kleine, weiße Margeriten sind eine klassische Mischung, der starke Pelargonienduft hält die Läuse von den Margeriten fern.

An einem Schattenplatz kann man auch folgende Kombination aufstellen: Farne mit einer Unterpflanzung von Fleißigem Lieschen, niedriger Fuchsie oder Begonien.

Auch den großen Kübelpflanzen kann man Begleiter zuordnen, sofern noch Platz ist. Besonders hübsch sehen Unterpflanzungen bei Hochstämmchen aus. Beispiele: Zum Hochstämmchen mit roten Rosen paßt eine Unterpflanzung mit kleinen weißen Margeriten. Unter einem Bambus im Kübel gedeihen, weil es hier schattig ist, gefüllte, rosa Fleißige Lieschen. Unter dem Lorbeerbaum im Kübel bedeckt ein Bubikopf die Erde und schützt sie vor dem Austrocknen. Auf das Substrat unter die Schönmalve (*Abutilon*) pflanzt man Kriechenden Thymian (*Thymus serpyllum*), damit die Blattläuse nicht überhandnehmen. Und unter einen Zitronenbaum kann man Hornklee (*Lotus corniculatus*) pflanzen. Bei all diesen Unterpflanzungen ist es wichtig, Pflanzen zu wählen, die keine zu große Wurzelmasse bilden. Efeu als Unterpflanzung sieht zwar zauberhaft aus – aber nach drei bis vier Jahren haben die Wurzeln des Efeus den ganzen Kübel »eingenommen«, die Kübelpflanze bekommt nicht mehr genügend Nahrung und Wasser und kümmert.

Register

Leser-Service

Bezugsquellen für Naturdünger und biologische Pflanzenpflegemittel

Bio-Gartenmarkt Keller, Konradstr. 17, 79100 Freiburg
Cohrs GmbH, Postfach 1165, 27341 Rotenburg/Wümme
Neudorff GmbH & Co., Postfach 1209, 31865 Emmerthal
Oscorna GmbH & Co., Postfach 4267, 89032 Ulm

Bezugsquellen für biologisches oder ungebeiztes Saatgut und Gründüngung

Blauetikett Bornträger, Postfach 30, 67591 Offstein
Kiepenkerl-Saatgut, Postfach 5569, 48030 Münster
Sperling-Samen, Postfach 2645, 21316 Lüneburg
Julius Wagner, Postfach 105880, 69048 Heidelberg
Rijk Zwaan, Postfach 34, 59511 Welver
Karl Hild, 71672 Marbach/Neckar
Gärtner Pötschke, Beuthenerstr. 4, 41564 Kaarst

Bodenuntersuchungen

Auskunft darüber, wo regional Bodenuntersuchungen durchgeführt werden, gibt der Verband Deutscher Landwirtschaftlicher Untersuchungs- und Forschungsanstalten, Bismarckstr. 41 a, 64293 Darmstadt.

Zeitschriften für Hobbygärtner

»Flora«, Gruner & Jahr, Postfach 111629, 20444 Hamburg
»Natürlich gärtnern«, OLV-Verlag, Postfach 1123, 53895 Bad Münstereifel
»Kraut und Rüben«, BLV-Verlagsgesellschaft, Postfach 400320, 80703 München
»mein schöner Garten«, Verlag Burda GmbH, Hauptstr. 130, 77652 Offenburg

Weiterführende Literatur

Buch, W. »Gartenböden«, Verlag Eugen Ulmer, Stuttgart
Franck, G. »Gesunder Garten durch Mischkultur«, Südwest-Verlag, München
Haase, M. »Mischkultur, Hügelbeet, Hochbeet«, Verlag Eugen Ulmer, Stuttgart
Kreuter, M. »Biologischer Pflanzenschutz«, BLV-Verlagsgesllschaft, München
Lang, R. »Feine und seltene Gemüse«, Verlag Eugen Ulmer, Stuttgart
Recht, Chr. »Gemüse biologisch ziehen«, Verlag Gräfe & Unzer, München
Recht, Chr. »Küchenkräuter biologisch ziehen«, Verlag Gräfe & Unzer, München
Steiner, H. »Nützlinge im Garten«, Verlag Eugen Ulmer, Stuttgart

Bildnachweis

Umschlagfoto: J. Hartmann
Borens: 100; Morgan: 34; Nova: 74, 88; Redeleit: 23, 42, 45, 94;
Reinhard: 8, 11, 13, 18, 25, 33, 54, 69, 71, 96; Steinbach: 29;
Tschakert: 6, 105; Wetterwald: 50, 60
Illustrationen: Bertelsmann Gartenlexikon 65; alle übrigen Ushie Dorner

Autorin: Christine Recht
Redaktion: Verlagsbüro Kopp
Fotos: siehe Bildnachweis
Buchgestaltung: Hubertus Hepfinger
Redaktionsleitung: Halina Heitz
Umschlaggestaltung: Tatjana Schmid

Der Mosaik Verlag ist ein Unternehmen der Verlagsgrupe Bertelsmann

Reproduktionen: Artilitho, Trento
Satz: Buchmacher Bär, Freising
Druck und Bindung: Alcione, Trento

Printed in Italy
ISBN 3-576-10384-8